中学1年の学級づくり
365日の仕事術&アイデア事典

玉置 崇 編著

明治図書

はじめに

　職員室の私の前に，教員歴４年目になる青年教師の机があります。目の前にいることもあって，何気ない会話をすることがよくあります。
　２学期の始業式の朝のこと。
　「いよいよ充実の２学期開始だね。学級できっちり話しなよ」
と話しかけると，
　「わかりました！」
という元気のよい返事が返ってきました。そこで，
　「どのような話をするつもりなの？」
と質問したところ，彼は，私に次のように言ったのです。
　「２学期のはじめですから，今学期もがんばろうという話をしたいと思います。でも，『がんばろう』という言葉は出てきますが，話のネタがなかなか見つからないのです…」
　おいおい…と思いながらも，「こうした悩みをもっているのは，目の前の青年教師だけではないな」と考えたのです。
　１年間の学級づくりを考えてみるとき，学級担任として時期ごとに押さえておかなければならないポイントがいくつかあります。そこで，青年教師を育てる意味でも，それらに合わせたトーク例を示すことには大きな意義があるのではないかと考えました。これが，仲間と共にこの本を世に出そうと思う原動力となりました。

　振り返れば，私自身が青年教師だったころは，ストーブを囲んで，先輩たちから様々な学級づくりのアイデアや仕事術を伝授されていました。今ではすっかり死語となった，いわゆる「ストーブ談義」というものです。
　「学級目標を決めることを焦ってはいけないよ。まずはそれぞれが考える理想の学級像を書かせることだ。それらを発表させて，グルーピングしてい

くんだ。こうして徐々に徐々に，互いの思いをすり合せていく。ここが大切なんだ」

「合唱コンクールに向かって，日に日にまとまっていく学級があれば，バラバラになっていく学級がある。その違いはどこにあると思う？　担任が様々な練習方法を知っていることもその１つだ。練習方法を変えると，生徒たちの気持ちも変わるんだよ。当然，合唱も変わってくるというわけだ」

「君の学級の掲示物には動きがないね。動きのある掲示物というのは，学級の今が見える掲示物のことだ。例えば，行事ごとに自分の目標を色紙に書かせて，それを掲示すればいい」

「担任が提出物を集めず，係を動かすことだ。係を鍛えると，担任は随分楽になるよ。うちの学級は，提出物は上下をそろえ，名簿順に重ねて持って来るように指示してあるから，点検はあっという間に終わっているよ」

このように，学級づくりに際してのアイデアや押さえるべきポイント，さらには仕事術を，先輩は惜しげもなく語ってくれました。

この本は，こうしたベテラン教師の語りを紙上に再現していることが，特長の１つになっています。

今回の企画・編集をしていただいた明治図書の矢口郁雄さんには，『スペシャリスト直伝！　中学校数学科授業成功の極意』をはじめ，多くの拙著を担当していただいています。この本も，矢口さんの高い編集力のおかげで，とても読みやすく，使いやすい本になりました。自信をもっておすすめできる，365日活用できる学級づくり本ができました。

2015年２月

編著者　玉置　崇

はじめに

1章 中学1年の学級づくりのポイント
1年で生徒と学級をここまで高めたい！

1 生徒をここまで高めたい！
1 中学生とは何かを理解させる ……………………………… 12
2 学ぶことに楽しみをもたせる ……………………………… 13

2 学級をここまで高めたい！
1 互いのよさを認め合える学級 ……………………………… 14
2 問題を解決していこうとする学級 ………………………… 15
3 正義感あふれる学級 ………………………………………… 15
4 ユーモアがわかる学級 ……………………………………… 16

2章 中学1年の学級づくり
365日の仕事術&アイデア

1 出会いの日までに
担任としての心構え ……………………………………… 18
第一印象が1年間を決定する！ ………………………… 20
生徒の顔と名前を覚えよう ……………………………… 22
出会いからの3日間で行うことの準備をしよう ……… 24

2 出会いの一日
`トークのネタ` 出会いの日の教室で ……………………… 26
話し方・板書のチェックポイント ……………………… 28
入学式の前に話しておきたいこと ……………………… 30

3 新入生歓迎会
`トークのネタ` 新入生歓迎会の前に ……………………… 32
いち早く校歌をマスターさせる手だて ………………… 34

4 学級組織づくり
`トークのネタ` 学級の組織づくりを行う場面で ………… 36
学級づくりアンケートでやる気アップ！ ……………… 38
学級への帰属意識を高める教師の語り ………………… 40
リーダーを選び，フォロワーの意識を高める手だて … 42

5 健康診断・身体測定

- **トークのネタ** 健康診断・身体測定の前に ……………………… 44
- 生活ふり返りカードで健康への意識を高めよう！ ……………… 46

6 給食

- **トークのネタ** はじめての給食の前に …………………………… 48
- 学級全員完食への勢いをつける手だて …………………………… 50
- 配膳完了までの時間を記録しよう！ ……………………………… 52
- 食物アレルギーへの理解を深めよう ……………………………… 54

7 家庭訪問

- **トークのネタ** 家庭訪問の前，生徒に …………………………… 56
- 訪問の順番決めは生徒の力を借りて ……………………………… 58

8 はじめての定期テスト

- **トークのネタ** はじめての定期テストの前に …………………… 60
- 自分だけのテスト計画表をつくろう！ …………………………… 62
- テスト範囲を可視化する手だて …………………………………… 64

9 部活動

- **トークのネタ** 部活動への本入部の前に ………………………… 66
- 部活動への思いをグラフ化しよう！ ……………………………… 68

10 遠足

- **トークのネタ** 遠足の前に ………………………………………… 70
- 遠足を成功に導く班決めとルールづくり ………………………… 72

11 2回目の定期テスト

- **トークのネタ** 2回目の定期テストの前に ... 74
- 前回の振り返りを生かしたテスト対策 ... 76
- テストに向けた学級の雰囲気づくり ... 78

1学期の通知表 ... 80

12 夏休み

- **トークのネタ** 夏休みの前に ... 82
- 事前の計画づくりが夏休みを有意義に過ごすカギ！ ... 84
- **トークのネタ** 夏休み中の出校日に ... 86
- 来てよかったと思わせる出校日の演出 ... 88

13 2学期始業式

- **トークのネタ** 2学期始業式の日に ... 90
- 学級の団結を訴える担任のメッセージ ... 92

14 体育大会

- **トークのネタ** 体育大会に際して ... 94
- 学級の団結を強める種目決め ... 96
- 応援団長はオーディションで決めよう！ ... 98
- 体育大会に向けた学級のムード盛り上げ術 ... 100

15 生徒会役員選挙

- **トークのネタ** 生徒会役員選挙の前に ... 102
- もしも私が生徒会役員になったら… ... 104

16 美術・書写競技会

トークのネタ 美術・書写競技会の前に …… 106
専門家にアドバイスをもらおう …… 108

17 学級組織づくり（後期）

トークのネタ 学級の組織づくりを行う場面で …… 110
後期の組織づくりに生きる前期の振り返り …… 112

18 合唱コンクール

トークのネタ 合唱コンクールの前に …… 114
合唱交流会でやる気に火をつけろ！ …… 116
生徒の意欲を持続させる練習のアイデア …… 118
過去の1年生を活動の指標に …… 120

19 保護者面談

トークのネタ 保護者面談の前，生徒に …… 122
保護者が安心できる雰囲気づくりの工夫 …… 124

2学期の通知表 …… 126

20 冬休み

トークのネタ 冬休みの前に …… 128
家族の一員宣言をしよう！ …… 130

21 3学期始業式

トークのネタ 3学期始業式の日に ……………………………… 132
サイコロ・トークを楽しもう！ ……………………………… 134

22 学年末テスト

トークのネタ 学年末テストの前に ……………………………… 136
万全の学習計画で学年末テストを乗り切ろう！ ……………… 138

23 卒業生を送る会

トークのネタ 卒業生を送る会の前に ………………………… 140
感謝の気持ちを伝える掲示物 …………………………………… 142
前年の記録で行事のイメージを高めよう ……………………… 144

24 進路学習

トークのネタ 2年先を見据えて ……………………………… 146
進路への意識を高める環境づくり ……………………………… 148
2年後の自分への手紙 …………………………………………… 150

25 修了式

トークのネタ 修了式の日に …………………………………… 152
お世話になったorなる先生へのメッセージ …………………… 154

3学期の通知表 ……………………………………………………… 156

1章

中学1年の学級づくりのポイント

1年で生徒と学級を
ここまで高めたい！

1 生徒をここまで高めたい！

1 中学生とは何かを理解させる

　中学校生活を始める１年生には，**そもそも中学生とは何か**を理解させなければいけません。３年間の大きな目標を提示する必要があります。

　しかし，１年生にそのようなことを言っても，なかなか理解はできないでしょう。生徒が中学生のイメージをしっかりもつことができるように，具体的に提示することをおすすめします。

　以下に例を示します。

①中学生らしい生活

基本的な生活習慣の育成と規則正しい生活のために
　・勉強の時間を毎日確保できる。
　・遅刻や忘れ物をしない。
　・服装などについて，時・場・機会に応じて選択できる。
　・テレビやネットの使い方を自分でコントロールできる。
　・衣食住などの生活に美しいものを取り入れる。
　・音楽等を生活に取り入れる。

②中学生らしい行動

目標をもち，追究し，責任をもつ
　・何か１つのことに熱中できる。
　・反省することができる。
　・やっていいことと，悪いことの判断ができる。

・自分の生き方について考えるようになる。
・趣味・娯楽に節度をもつ。

このほかにも様々な視点があります。
　生徒に出会う前に上記のように具体的に示すことができるように準備しておきましょう。

2　学ぶことに楽しみをもたせる

　前項に含まれることもありますが，1年生の早い段階で，「学ぶこと」を楽しむことができる生徒に育てたいものです。
　まず，**「勉強」と「学び」の区別**をしておきましょう。例えば，「授業は勉強ですか？　学びですか？」と問いかけてみましょう。
　多くの生徒は，小学生の段階で考えたことはないでしょう。問いかけられたこともないでしょう。

　しばらく間を開けて，「授業を勉強だと思う人は勉強になりますし，学びだと思う人は学びだと言えるでしょう」と答えます。生徒はさらに混乱するかもしれません。そこで，結局は**心のもち方1つで勉強にもなるし，学びにもなる**ものであると知らせます。
　勉強には「強いる」という言葉が入っています。強制的に知識や技術を身に付けさせられていると思っていれば，それは勉強でしかありえません。

もちろん，勉強を否定するわけではありません。

　しかし，**中学生であれば，自ら知識や技術を身に付けようという姿勢をもってほしい**と伝えましょう。このような心持ちになったときに，授業が学びになるのだと説明します。

　自ら学ぼうとする気持ちをもっている人は，コップの口が上を向いている状態の人だとたとえてもよいでしょう。上を向いていれば，水を入れることができます。溜めることもできます。ところが，コップの口が下を向いている人は，水を入れることができません。無理して上を向かせて，ようやく水を入れることができます。

　もともと学ぶことは楽しいことです。仲間と学び合うことはもっと楽しいことです。1年生の段階でこの点を感じ取ってもらいたいものです。

2 学級をここまで高めたい！

1 互いのよさを認め合える学級

　居心地のよい学級とは，どんな学級でしょうか。居心地のよい学級の前に，居心地のよい職員室を考えてみるとよいでしょう。

　職員室にいると息が詰まるような状況では，居心地がよいとは言えません。安心して座っていられる職員室でなくてはいけません。そのためには，**職員が互いの存在を認め合えていることが大前提**となるはずです。

　学級も同じです。だれもが日常的にストレスなくいることができる教室でなくてはいけません。1年の段階でこのような学級づくりができなければ，進級するにつれ，集団でいることをより嫌う生徒を生み出してしまいます。

　では，担任は何をすればよいのでしょう。それは**一人ひとりの生徒のよさ**

を見つけ，皆の前で認めることです。日ごろの担任の行動や言動は，必ずその学級の生徒の行動や言動に反映されます。担任が一人ひとりのよさを認めなければ，生徒同士が認め合う学級はできません。

2 問題を解決していこうとする学級

　小学校では，どちらかというと，教師が先導役となって学級をつくっていきます。子どもの発達段階を考えると，子どもだけで自主・自律的な学級をつくっていくのは難しいからです。
　しかし中学校では，教師が先導しすぎると，生徒は他律的になり，自ら動くエネルギーが低下してしまいます。1年生の段階で，担任の先生に任せておけばよいという経験を多くしてしまうのはよいことではありません。
　学級の小さな問題でよいので，生徒に気付かせたり，解決方法を話し合わせたりする経験を意図的に積ませることが大切です。1年の後半に，自ら学級の問題を見つけたり，提案したり，解決に向けて意見を述べたりすることができる生徒を数人でよいので育てることを目標とするとよいでしょう。

3 正義感あふれる学級

　中学生になると，筋道立てて物事の判断ができるようになってきます。ま

た同時に，感情の起伏が激しくなる年齢でもあります。

　こうした年齢の集団をまとめていくには担任に力量が必要です。しかし，**担任一人ですべてをやり切ろうとする気持ちをもってしまうと，かえって集団が育たない**ものなのです。

　そこで，生徒同士で意見交流をさせたり，生徒に判断をさせたりする場面をつくり出します。生徒は，友だちに指摘されることは，担任に指摘されるより素直に聞くものです。正義感が育ってくる年齢ですから，言うべきときに言える生徒も出てくるはずです。担任はそうした生徒の存在に気付き，その生徒をつぶしてしまわないようにしましょう。担任の価値づけがあれば，自律的な学級づくりに大きく貢献する生徒として育ちます。

4 ユーモアがわかる学級

　学級に温かい空気をつくり出す原動力の１つが，ユーモアのセンスがある生徒の存在です。担任のちょっとしたくすぐりにも素直に反応し，笑ってくれたり，微笑んでくれたりする生徒の存在は，学級の空気を明るく温かいものにします。だれもが失敗をするものですが，ユーモアがある学級には，失敗を許容する雰囲気も生まれてきます。

　こういった雰囲気をつくり出すために，担任もいつもにこやかに，ときにはユーモアを発揮すべきです。堅物先生ではいけません。

　もちろん，ユーモアを解説するほど野暮なことはないので，ユーモアのセンスがある生徒が徐々に他の生徒に影響を与えることを待ちながら，ユーモアがわかる学級をつくっていくとよいでしょう。

中学1年の学級づくり

365日の仕事術&アイデア

2章

1 出会いの日までに

担任としての心構え

1 1年生を卒業まで面倒をみると覚悟する

　1年生の担任となったからには，"この生徒たちを卒業まで面倒をみる"という覚悟が必要です。諸事情によって，必ずしもそうなるわけではありませんが，この覚悟は1年生の担任となったら，迷うことなくもつべきものだと言えます。

　この覚悟をもつことは，実は，長期戦で生徒を育てるという気持ちがもてるという意味でとてもよいことです。

　もともと生徒は失敗するものです。失敗をするから教育をするのです。同じところをグルグル回っているような生徒もいるはずです。長くかかわりながら成長させようと思えば，指導者として焦る気持ちも薄らぎます。

2 いち早く中学校生活に順応させる

　これは，上で述べた長期戦のおすすめと相反するようですが，そうではありません。

　中学校生活には，いち早く順応させる必要があります。そのためには，1回のていねいな指示，説明を心がけることです。小学校では，往々にして何度も繰り返して言われて徹底することを経験してきています。中学生の能力であれば，1回の指示，説明で理解できると伝え，教師自身がそれを貫き通すのです。もし1回聞いただけでわからないことがあれば，まずは友だちに尋ねてみることにしておきます。他者に説明することで，尋ねられた生徒自身の理解も深まります。

3 「ＡＢＣＤの原則」を守らせる

> Ａ＝当たり前のことを
> Ｂ＝バカにしないで
> Ｃ＝ちゃんとやれる人こそ
> Ｄ＝できる人

　これを，ＡＢＣＤの原則といいます。
　例えば，「中学校生活の当たり前のことは何だと思いますか？」と聞いてみるとよいでしょう。次から次へ出てくるはずです。あいさつ，返事，掃除，整理，整頓など，教室をぐるっと見渡すだけで，「当たり前のこと」が出てきます。この原則は，大人の世界においても通用するものです。

4 まあるく，まあるく

　この「まあるく，まあるく」とは，爆笑落語家の故・桂枝雀が目指していた人生観です。
　枝雀の理想の落語は，高座でにこにこしているだけで，お客様に満足してもらえる落語でした。つまり，自分と同じ空間にいることを喜んでいただけるようになりたいということです。そのために，「まあるく，まあるく」，つまり，とげとげせず，人を包み込むような人間でありたいと考えていたのです。
　生徒と担任の関係もこのようにありたいものです。生徒が担任と一緒にいるだけで安心できる，心落ち着くと思っている教室はどれほど素敵でしょう。生徒は担任に温かく包み込んでもらっていると感じるからこそ，安心感をもつものです。ときには厳しく対処することも必要ですが，最後は「まあるく，まあるく」ありたいものです。

1 出会いの日までに

第一印象が1年間を決定する！

1 外見は内面の一番外側

　新入生を迎えるにあたって，まず自分の外見をチェックしたいものです。
　男性は散髪に行き，女性の長い髪はすっきりとまとめます。シャツにはアイロンをかけ，しわのない清潔な服を準備します。就活生のような画一的なスーツではなく，できれば，きちんとした中にも個性がうかがえるスタイルを取り入れたいものです。
　意外と見落としがちなのが爪です。きれいに切りそろえておきましょう。
　おしゃれは自分のために，身だしなみは他人のためにするものだと心得ておけば，間違うことはありません。心身ともに健康な状態で新入生を迎えるために，規則正しい生活をし，体調を整えておくことも重要です。

2 事前準備が成功の80%を握っている！

　入学式当日は，入学を祝う言葉から連絡事項まで，たくさんのことを生徒と保護者を前に話さなくてはなりません。時間があっという間に過ぎてしまいます。手際よく，かつ，わかりやすく伝えるために，話す順番や説明の仕方を考えておかなくてはいけません。保護者に，しっかりしている先生だという第一印象を与えられれば，以後の学級経営はとてもスムーズにいきます。ノートに台詞のように書き出し，何度もシミュレーションをして臨みましょう。思わぬことが起きて，判断を迫られることの多いのが学校現場ですが，事前の準備が成功の80%を握っていると思って準備しておけば，不測の事態にも冷静に対処できるというものです。

1 出会いの日までに

生徒の顔と名前を覚えよう

1 顔と名前を覚える

　１年生の担任として最初にするべき仕事は，自分が受け持つ生徒の顔と名前を覚えることです。
　「先生が自分を名前で呼んでくれた。もう，自分のことを覚えてくれた」
　新しい環境に不安を抱いている生徒にとって，これ以上の安心感はありません。まずは，入学式までに名簿を何度も見て，生徒たちの名前を頭の中に入れましょう。「なかしま」と「なかじま」のように，同じ漢字でも読み方の違う名前などは，特に慎重に。

2 まだ見ぬ生徒の姿を思い浮かべ…

　入学後しばらくは，名簿順で座席を指定します。教卓から見てだれがどこに座っているかが一目でわかるような座席表を用意しましょう。
　「ここに座るのは〇〇君。その隣は〇〇さん…」というように，座席位置からも生徒の名前が浮かぶようになればしめたものです。まだだれもいない教室で，「この席に座る〇〇さんは，どんな子だろう…」とまだ見ぬ生徒の姿を思い浮かべながら名前を覚えるのも楽しいものです。

3 明るく迎えよう

　初めての出席確認。
　自信をもって明るい声で名前を呼びます。表情や声で，生徒たちに明るい第一印象を与えることは重要です。

1 出会いの日までに

出会いからの3日間で行うことの準備をしよう

1 出会いの日に行うことの準備

　生徒に話すことを1つ決めておきます。出会いの喜びを伝え，この1年間，どんなクラスをつくっていくかを短時間で明確に伝えることが重要です。担任としての思いや感謝の言葉など気持ちを込めます。

　黒板に書くメッセージも考えておきましょう。前向きな文章のみで構成します。

2 出会いから2日目の準備

　2日目は，中学校でのルールを周知します。

　「頭髪・服装」「授業時間」「放課の過ごし方」「特別教室への移動の仕方」「給食の準備」など，小学校のルールとはいろいろな違いがあります。担任は，学校，学年のルールに合わせて細かく伝えていく必要があります。

　例えば，「特別教室へ移動をする際は，男女1列，男子が左，女子が右に整列し，番号順に並びます。級長は一番前に並び，整列を呼びかけましょう」と伝えます。口頭説明だけで定着させるのは難しいので，ルールをまとめた資料を必ず準備しておきます。

3 出会いから3日目の準備

　3日目は自己紹介します。出会いの日に「自己紹介カード」を配付しておき，3日目までに書いておくように指示します。後日，そのまま掲示をすることも知らせておきます。記入例を準備しておくとよいでしょう。

前向きなメッセージが生徒の不安を払拭します

> 大和中へ、ようこそ!!
> そして、ようこそ1年1組へ!!
> 入学おめでとう🌸 今の気分はどうですか？
> もちろん、緊張していますよね。先生も 先ぱい達も
> みんなが入学してくるのを とても楽しみにして
> いました。中学校は 勉強も大変で 部活動も
> あるので『大丈夫かな』と不安に思っている人が
> いると思いますが、安心してください!!
> みんなには、仲間がいます！ 先生がいます！
> そして、支えてくれる 家族がいます！
> まずは、1歩1歩 前に進んでいきましょう！　担任♪

自己紹介カードはそのまま掲示することもできます

2章 中学1年の学級づくり　365日の仕事術＆アイデア

2 出会いの一日

トークのネタ 出会いの日の教室で

1 話し始める前に

　生徒の緊張感は教師の想像以上です。当然ですが，生徒にとって中学校は未知の世界です。新しい仲間，新しい担任にわくわくしている生徒もいれば，大きな荷物を担いだような気持ちの生徒もいることを忘れてはいけません。ひょっとしたら学級発表の折から落ち込んでいる生徒もいるかもしれません。

　だからこそ，教師のトークが重要になります。今日から始まる中学校生活へ希望をもたせることを第一に考えて話すことが大切です。

　希望をもたせる話をする際のポイントは，教師の「笑顔」です。なぜなら，中学校教師は怖いと思っている生徒が少なくないからです。

　また，入学式の日は，教室に保護者が入って話を聞くことが多いので，保護者が安心できる話であることもポイントです。

2 話の献立

- **担任の自己紹介**（名前の「いわれ」を伝えると家庭での話題になる）
- **生徒の呼名**（事前に読み方を確認しておくことを忘れずに。生徒に名前を言わせるより，教師が明るく呼名するのがベター）
- **中学校でつけることができる力**（中学校っていいものだなと思えるように話す）
- **ここまで成長できたことは素晴らしいこと**（保護者が喜ぶ話題）

トーク 出会いの日の教室で

　笑顔で一人ひとりの顔を順に見た後に話し始めます。これは，演出としてとても大切です。慌てて話し出すことはありません。

> みなさん，とってもいい顔をしていますねえ。よし中学校でがんばるぞ，という気持ちがよく伝わってきました。今日から，あなたたちと力を合わせて，すばらしい学級にしていきたいと思っています担任の〇〇です。どうぞよろしく。

　「よろしく」と言って，頭を意識して下げましょう。これも演出です。そして，合わせて頭を下げた生徒を見つけ，次のようにほめます。

> 先生に合わせて頭を下げてくれた人がいますね。これも嬉しいことです。相手に反応できるというのは，とても素晴らしいことですよ。

　このように，ほめることができる場面を意図的につくり出すのです。

> さて今日から中学校生活が始まりました。2年生や3年生を見て，大きいなあと思った人が多いと思います。中学生の時代は，あのように体はもちろん，目に見えませんが心も大きく成長するときです。きっとこの中学校を卒業するときには，僕も私も小さかったけれど，こんなに大きくなったんだ，とだれもが思えますので，楽しみにしてください。

　自分の成長を自分で楽しみにできる生徒は伸びる生徒です。そのような思いをもてるように話しましょう。

> 中学校では，学ぶことがたくさんあります。ここにキャベツを持ってきました。キャベツの芯のところに赤色をつけてきましたが，中学校はこのキャベツの芯をしっかり育てるところなのです。

　実際にキャベツを提示すると，聞いている保護者も興味を示します。

> 「キャベツの芯が固くて太いと，とっても大きなキャベツとなります。芯が柔らかいと，キャベツは大きく育ちません。だから，中学校ではこの芯をしっかり育てます。皆さん，いろいろな夢をもっていることと思います。芯がしっかりしていると，どのような夢も実現させることができるのですよ。

2 出会いの一日

話し方・板書の
チェックポイント

1 話し方のチェックポイント

　入学式後，教室で生徒に向かって話をするときは，以下のようなことに気を付けます。

　まず，話すときの視線の送り方ですが，教室の後ろに座っている生徒の方を見るのが基本です。ときどき，にっこりしながら前の方の生徒を見ます。目をじっと見つめすぎるのは要注意です。

　話のつなぎ方にも注意が必要です。「…で，…で」と文をつながず，1文を短く区切った方が聞きやすいものです。また，くどい話は厳禁です。顔には出しませんが，賢い生徒ほどうんざりしています。

　口癖も要チェックです。「え～」「あの…」などを多用していないでしょうか。また，語尾が強すぎたり，逆にうやむやにしたりしていないでしょうか。

　明るく，はっきり，わかりやすくていねいに話すことが信頼へとつながります。上記のようなことは，入学式の当日だけでなく，普段の授業でも気を付けておきたいことです。

2 板書にも神経を使って

　入学式当日は保護者も生徒も「どんな先生だろう」と思って担任を見つめています。ですから，話し方と並んで，板書にも気を付けたいものです。

　文字の美しさ，ていねいさなどはもちろんですが，書き順，書く速さなどでも教師の性格や能力を測られているかもしれない，という意識をもっておきたいものです。

2 出会いの一日

入学式の前に話しておきたいこと

1 教室環境を整えておく

　新入生は，大きな期待とともに不安も抱きながら登校してきます。そこで，中学校に来てはじめて入る教室の環境を整えておくことは非常に大切です。床を掃いたり，窓や黒板周辺をきれいにしておくことはもちろんですが，プリントなどの配付物も机上にあらかじめ準備しておきたいものです。配付物の一番上に「入学おめでとう」といったメッセージ付きのカードを置いておくと，生徒もうれしいはずです。

2 入学式の意義を語る

　入学式を控えて教室で待機している生徒に話したいことはたくさんありますが，なかでも，入学式の意義を話すことは大切です。
　入学式の主役が新入生であることは間違いありませんが，それは決して当たり前のことではないのだということにも気付かせる必要があります。例えば，3年生がかいてくれた黒板絵があれば，その絵をしっかりと見せたうえでこう生徒に語りかけてみます。
　「この絵を作成するために，先輩は下絵を何度もかき，多くの時間をかけてみんなのためにがんばってくれました。体育館に行くといすが寸分違わずきれいに並んでいます。それも先輩が心を込めてやってくれたのです。さあ，感謝の気持ちをもって，先輩や育ててくれたお父さんやお母さんのためにも堂々とした姿を入学式で見せてください！」

配付物はあらかじめ机上にセッティング

先輩がつくってくれた板書を見ながら入学式の意義を語ります

3 新入生歓迎会

トークのネタ 新入生歓迎会の前に

1 話し始める前に

　入学式から数日後に，生徒会が主体となって開催される「新入生歓迎会」。歓迎会の会場に向かう直前の1年生に，自分たちのために先輩が会を開いてくれることをしっかりと伝えておきましょう。中学校では，先生が行う行事より，生徒が生徒のために行う行事が多いことを伝えるよい機会です。来年には歓迎会を開く立場になることも知らせておくと，自主的活動を重んじる中学校というもののイメージができることでしょう。また，歓迎会案にあらかじめ目を通しておき，歓迎会がどれくらいの時間でどのような内容になるかを伝えておきます。生徒に見通しをもたせることはとても大切なことです。

2 話の献立

- 新入生歓迎会の内容予想（予想させることで会に興味をもたせる）
- 3年間でいくつの行事があるか（3年間の学校生活をイメージさせる）
- この中学校にある部活動の数（部活動紹介への興味をもたせる）
- 入りたい部活動は？（多くの部活動から選ぶとよいことを知らせる）
- 司会をしたり話をしたりしているのはだれかに注目（中学校では主体となるのは生徒であることを意識させる）
- 2，3年生が喜ぶ1年生の姿は？（その場がどういう場であるかを意識させる）

トーク 新入生歓迎会の前に

> これから新入生歓迎会です。だれがだれを歓迎する会ですか？

質問から入るのは，生徒を集中させるためです。

> そうですね。2，3年生が君たち1年生に，よくこの中学校に来てくれましたと「歓迎」，字のように「歓んで迎えてくれる」会です。

昨今は「言語活動の充実」が重視されていますが，国語の授業だけでなく，このように，折に触れて教師が生徒の言語感覚を磨くための話をすることが大切です。

> 歓迎会では，3年間の中学校生活がスライドで紹介されます。また部活動ごとに紹介があります。ぜひ楽しみにしてください。ところでこの学校には，いくつの部活動があると思いますか？

自分が興味や関心がある部活動のことは知っていますが，その他の部活動についてはまったく知りません。紹介前に設置数だけでも知らせておくとよいでしょう。部活動紹介へ関心を高めることになります。

> ところで，司会をしたり，あいさつをしたりする人がいますが，だれがするのかよく見ていてください。特にあいさつをする人はどのようなことを話すのかをよく聞いていてほしいと思います。教室に戻ったときにだれかに聞いてみたいと思っています。

生徒会執行部が会の進行をしていることは，振り返りの時間で話してもよいでしょう。小学6年生のときに児童会を経験してきた生徒もいるかもしれませんが，生徒会長の話は児童会長のレベルとはかなり違うはずです。事前にどのようなことを話すでしょうかと投げかけておくと，生徒は注意して聞き，学ぶことも多くあるはずです。

> さて，立場を考えてみましょう。君たちがどのような姿だったら，先輩は喜ぶと思いますか？「〇〇とした姿」という言葉で言ってみてください。

「前をしっかり見ていること」などと教師が逐一注意するよりも，このように生徒自身に考えさせる方が効果的です。

3 新入生歓迎会

いち早く校歌を
マスターさせる手だて

1 先輩たちより大きな声で

　多くの中学校では，１年生が参加する最初の生徒会行事が新入生歓迎会です。

　新入生歓迎会は，中学生としての意識を高める大きなチャンスです。中学生としての自覚，これからの生活に対する意欲を育てたいものです。

　まず，入学式に先輩たちが歌っているのを聞いた校歌を，入学式から新入生歓迎会までの期間を利用してしっかりと覚えさせます。目標を，「先輩たちより大きな声で歌うこと」とします。

　「入学式で先輩たちから，入学おめでとうという気持ちを歌に込めてもらいました。新入生歓迎会ではそのお返しをするのです。この学校に入学できてうれしい，中学校の一員としてがんばりますという気持ちを歌に込めて歌うのです。歌を通して気持ちのやりとりができる学校でありたいですよね」などと話すとよいでしょう。

　今後，様々な行事や式典で校歌を歌っていくことになります。校歌をしっかり歌う習慣をつける第一歩にもなります。

2 常に校歌の歌詞カードをポケットに

　校歌の歌詞を印刷したカードを全員に配付し，常にポケットに入れさせておくようにします。クラスで練習するときや新入生歓迎会で歌うときなど，何かと便利です。十分歌えるようになったら，校歌合格証（歌えるようになったで賞）と交換します。

先輩たちより大きな声で歌えるかな？

校歌の歌詞カードはしっかり歌えるようになったら合格証と交換！

3 新入生歓迎会

4 学級組織づくり

トークのネタ 学級の組織づくりを行う場面で

1 話し始める前に

　中学生になってはじめて学級組織を考えてつくる場面です。中学校では，学級は，自ら考え，つくっていくものだという実感をもたせたいものです。
　もっとも，中学校生活は始まったばかりなので，考えようにも，その基となるものがありません。担任から学級のあり方，学級におくべき当番活動，創造的な活動をする係活動などの具体例を示す必要があります。
　これまでに担任した学級の組織や昨年度の学級の組織を資料として提示すると，1年生なりに考えることができます。それらを見て，小学校との違いはどこにあるかを考えさせてもよいでしょう。例えば，中学校独特の係として教科係があることに気付かせ，その説明をしておくとよいでしょう。そのうえで，学級を自ら考え，自らつくるという具体的なイメージを伝えます。

2 話の献立

- **先輩たちの学級組織を見る**（これまでの学級組織を眺め，中学校独自の係や当番活動が必要なことに気付かせる）
- **学級のことを自ら考え自らつくっていく具体的な行動**（実際にどのようなことをすることが自ら考え自らつくるということかを知らせる）
- **学級に必要な係や当番活動**（様々な学級生活の場面を考え，必要な係や当番活動を出し合わせる）

トーク 学級の組織づくりを行う場面で

　学級開きをしてから1週間が経ちました。今日は前期の学級組織を皆で考えましょう。中学校は先生が先導するのではなく，君たちが自ら考え，自らつくっていくところです。とはいっても，中学校生活を始めたばかりですから，組織を考えるきっかけが必要だと思います。ここに昨年度の3年生の教室にあった学級の係や当番の表を持ってきました。まずは，よく見てください。小学校にはなかったなというものを見つけてください。

　このように具体的な組織図を見せて，これまでにない係や当番活動名を見つけさせます。

　国語係，数学係などは「教科係」といいます。どの学級にもある係です。これは中学校独自のものといってもよいでしょう。どのような仕事をする係なのか，わかりますか？

　一方的に話すのではなく，こうして質問などを入れながら話を進行させるとよいでしょう。

　君たちには，先輩がつくった学級組織を参考にして，君たちでこの学級の係や当番を考えてほしいのです。また新たにつくってもかまいません。学級に必要な係や当番は学級それぞれ違っていいと思っています。

　自ら考え，つくっていくことの一端を具体的に示します。

　かつて担任した学級で，「学級の歴史係」がありました。学級年表をつくっておいて，そこにエピソードを1年にわたって記録していくのです。「体育大会で総合優勝した」といったよいことばかりでなく，「担任の先生の逆鱗に触れた」という苦々しい歴史も記録されていて，後で読み返すと，とてもおもしろいものでした。

　このように，生徒が具体的にイメージできるように話すことが大切です。

　グループで少し話し合ってみましょう。理由も大切にしてくださいね。

　一人で考えさせてもなかなかアイデアは浮かばないので，4人程度で話し合いをさせます。

4 学級組織づくり

学級づくりアンケートでやる気アップ！

1 入学から3日以内にアンケートを

　入学式前に，右ページ上のような学級づくりに関するアンケートを用意しておき，入学から3日以内に実施します。

　中学校に入学したばかりの生徒たちは，「小学校でがんばってきたことを続けてがんばっていきたい」「小学校ではあまり積極的に学級役員や委員会などにかかわってこなかったが，中学校ではチャレンジしてみたい」といった前向きな気持ちがあふれています。このチャンスを逃さず，アンケートをとることで，自分の中にも意識付けができます。

　前向きな気持ちは，中学校生活に慣れるために四苦八苦しているうちに薄れていきがちです。だからこそ，最初の3日のうちにアンケートをとっておくことが重要なのです。

2 学級役員の役割を資料で示す

　生徒のやる気を引き出したい，担任として任せたい生徒に引き受けてほしい。どんな担任でもそのような思いをもっています。しかし，やる気はあっても，どんなことを任されるのかわからなければ，チャレンジしにくいものです。

　そこで，学級役員の役割を生徒に明確に提示する必要があるのです。右ページ下のような資料（プリント）を用意することをおすすめします。この資料を通して，教師が描いている学級経営のイメージも具体的に伝えることができます。

4 アンケート 学級組織づくり
学級への帰属意識を高める教師の語り

1 よい学級をつくるのはだれ？

「自分の学級を，よい学級にしたいと思う人は挙手してください」
全員が挙手するはずです。
「よい学級とはどんな学級ですか？」
具体的にあげさせます。右ページ上のようなプリントをあらかじめ配付し，自分の考えを整理させておくとよいでしょう。
具体的な事柄があがったら，
「では，これを実践して，よい学級づくりをするのはだれですか？」
先生・リーダー・学級全員の三択で挙手させます。
「そう，学級全員の責任です。よい学級をつくるのはあなた自身です」
だれかがつくってくれるのではなく，自分がつくるのだという強い自覚を全員にもたせます。

2 リーダーとフォロワーの関係性を確かめる

係活動などの組織は，全員が役割分担をもつことで学級への帰属意識を高めることができます。中でも，室長・学級委員といったまとめ役は要となる大切なポジションです。
「リーダーに選ばれた人は，皆に信頼されているのです。自信をもって取り組んでください。また，他の人は選んだ自分の責任を忘れず，協力しましょう。全員の協力があってこそ，リーダーが役目を果たすことができます」

よい学級ってどんな学級？

よい学級とは？

（　）に当てはまる言葉を考えよう。
- （　　安心　　）できる学級
- （きちんとそうじが）できる学級
- （　仲よく　　）できる学級
- （授業にまじめにとりくむ）できる学級
- （助け合うことが）できる学級
- （　　　　　　　）できる学級

学級全員の写真を掲示するのも帰属意識を高める1つの方法です

4 学級組織づくり

リーダーを選び，フォロワーの意識を高める手だて

1 心の準備ができるように

　右も左もわからない状態で入学してきた1年生ですが，1学期や前期を大きく左右する新年度当初の学級組織づくりの大切さをしっかりと伝えたいものです。

　具体的にどの日に組織づくりを行うのかについてもあらかじめ伝えておき，心の準備を整える猶予を与えます。

　「〇日に級長などのリーダーを決めます。立候補者には，こんな学級をつくっていきたいという意気込みを話してもらいます。入学式での先生の話などを参考にして，自分の言葉でしっかり話ができるように準備をしてきてくださいね。みんなの前向きな姿勢に期待していますよ」

　もっと正確に，あらかじめ立候補する意向がある生徒を把握しておきたいのであれば，事前にアンケートをとるという方法もあります。

2 フォロワーの意識を高める

　学級組織づくりの時間は，担任が真剣な雰囲気をつくり出すこともポイントになります。学級のためを考えて前に出ようとする行動が立派であることや，それを学級全員で支えようとする，聴こうとする姿勢が大切であるということを確認した後，組織づくりを進めていきます。

　複数の立候補者が出た場合は，一人ひとりの立候補者を全員で称賛させます。また，リーダーを承認したのは学級全員であるということもしっかり確認します。

年度当初の学級の計画はわかりやすく，早めに告知

今後の予定と持ち物

*生活記録と筆記用具は毎日持ってくること

日	曜	1時間目	2時間目	3時間目	4時間目	給食	清掃	5時間目	6時間目	重要
4	金	入学式 &始業式		(学活)担任紹介など	下校	×	×	[保健関係]緊急連絡票 保健調査 結核問診票 眼科検診問診票		学鞄関係 雑巾 提出課題 提出物 本 アンケート(2枚) テストの持ち物 個票
7	月	(学活)自己紹介など	学力検査(国語)	通学団会	下校	×	×			
8	火	(学活)避難訓練 学級役員	学力検査(社会)	学力検査(数学)	(学活)給食関係 身体測定	○	×	避難訓練	下校	鉛筆 定規 給食セット
9	水	離任式	学力検査(理科)	身体測定	(自己紹介カード作成)	○	○	(学活)清掃関係 委員会決	道徳 新歓リハ	半袖体操服 ハーフパンツ 眼鏡 名札頭髪服装○
10	木	写真	学	(学活)係決め 学級目標	学力検査(英語)	(学活)授業関係	○	○	学年集会	新入生歓迎会 部活見学	鉛筆 定規 新入生歓迎会の用意
11	金	A1	A2	A3	A4	○	○	A5	創GO	授業の用意

学級全員の前で決意を述べるリーダー立候補者たち

5 健康診断・身体測定

トークのネタ 健康診断・身体測定の前に

1 話し始める前に

　健康診断・身体測定は小学校でも行ってきたことなので，改めてその意義を生徒に話したりする必要はないだろうと考えてしまいがちです。

　しかし，健康診断・身体測定は年間行事の中でも絶対に省くことができないもので，診断日・測定日当日に欠席すると，別日に必ず実施されるほど重要な位置付けです。

　こうしたことを踏まえれば，小学校でもやってきたことと安易に考えず，生徒に健康診断・身体測定の意義をしっかり伝えなくてはいけないことがわかります。

　また，1年時に診断や測定時の動きなどについて細かく指導しておけば，2，3年の担任は随分と楽になります。

2 話の献立

- 健康診断・身体測定の意義（なぜ実施するのかを説明する）
- 診断・測定項目（項目内容を知らせる）
- 診断日・測定日の日程（見通しをもたせる）
- 授業中に測定の連絡が入った際の動き（集団として動くことを強調）
- 診断・測定が終了時のあいさつの仕方（基本的事項を指導する）
- 教室に戻ってきたときの過ごし方（時間を有効に使うことを指導する）

トーク 健康診断・身体測定の前に

　今日は第3時間目から身体測定が始まります。今日をスタートの日として，これから何日かに分けて，健康診断も始まります。わかっていることと思いますが，どうして健康診断や身体測定をするのだと思いますか？

　だれもが答えられる質問なので，普段あまり発言しない生徒を指名して答えさせるとよいでしょう。担任として生徒を鍛える機会をつくる意識をもちたいものです。ただし，深入りしないことが大切です。少しでも発話ができれば大いに認めましょう。

　そうですね。ひょっとして病気の可能性があるかもしれません。身体の変化を知っておくことは大切ですからね。ところで，健康診断や身体測定は具体的にはどんな項目があるか知っていますか？

　たくさんの項目があるので，その中のいくつかが出てきたらよしとしましょう。

　実はたくさんあるのですよ。今日の身体測定でも，身長，体重，視力，…といろいろあります。今から黒板に項目と日程を書きますので，よく見ていてください。

　黒板に健康診断項目や身体測定項目を書き，実施日を書き入れると生徒は全体像をつかむことができます。あるいは，すでに養護教諭から一覧が示された「保健だより」が出されているかもしれません。手間がかからない方法で行えばよいでしょう。

　授業中に「身体測定に来てください」という連絡が入ると思います。その時間の授業を担当されている先生の指示に従って動きます。静かに廊下に出て整列し，口を開かないで，級長の指示に従って速やかに保健室に移動してください。

　1年時の指導は，3年間影響を与えます。3年間を通して守るべき「静かに整列，口を開かず，級長の指示で学級全体が移動」というルールをしっかり伝えます。

5 健康診断・身体測定

生活ふり返りカードで健康への意識を高めよう！

1 健康診断は自分の健康に目を向ける場

　健康診断の目的は，疾病の早期発見です。学校生活を送るうえで必要な配慮はないか，学校医の診断により受診を促します。

　また健康診断は，生徒が自分の健康に目を向ける機会にもなります。心も体も健康に過ごすには，どのようなことに気を付ければよいか，自分自身で考えてみることも大切です。

　またこの機会に，規則正しい生活の大切さにも言及したいものです。中学生ともなると，夜更かしをしている生徒や，3食（朝・昼・夕）きちんと食べていない生徒も少なくありません。1年生の段階で規則正しい生活を取り戻さなければ，大人の体へ成長するために必要なエネルギーを確保することができなくなってしまいます。

2 空き時間を利用して，生活をチェック

　学校によって，健康診断の進め方は様々です。身長・体重・視力・聴力の測定を一斉にする場合，測定場所が異なることがあります。そのため，進行状況によっては，教室で待機し，空き時間が出てきます。せっかくの機会なので，この時間を利用し，「生活ふり返りカード」を記入させるのはどうでしょうか。今後どのようなことに注意しながら生活していけばよいのか，また今後も継続していくべきことはどんなことかを再確認すれば，健康な学校生活を送るための土台づくりに大いに役立ちます。

平日も休日も規則正しい生活ができているかな？

平日用

| AM 5 | 6 | 7 | 8 | 9 | 10 | 11 | 12 | 13 | 14 | 15 | 16 | 17 | 18 | 19 | 20 | 21 | 22 | 23 | 0 | 1 | 2 | 3 | 4 |

すいみん／朝食／登校／学校／部活／下校・手伝い／夕食／おふろ／宿題／すいみん

休日用

| AM 5 | 6 | 7 | 8 | 9 | 10 | 11 | 12 | 13 | 14 | 15 | 16 | 17 | 18 | 19 | 20 | 21 | 22 | 23 | 0 | 1 | 2 | 3 | 4 |

すいみん／朝食／登校／部活／昼食／宿題／休けい／宿題／手伝い／夕食／おふろ／休けい／すいみん

引用：「健康診断のアイディア・ファイル」2014年2月25日発行　第65巻第3号　健康教室◎増刊号

「生活ふり返りカード」の質問例

生活ふり返りカード　質問例

(1)　23時までに就寝していますか。
　　（1．ほとんど毎日　2．週に3～4日　3．週に1日以下）
(2)　登校する1時間前に起きていますか。
　　（1．ほとんど毎日　2．週に3～4日　3．週に1日以下）
(3)　朝ごはんを毎日食べていますか
　　（1．ほとんど毎日　2．週に3～4日　3．週に1日以下）
(4)　毎朝、排便していますか。
　　（1．ほとんど毎日　2．週に3～4日　3．週に1日以下）
(5)　食事をする時間は毎日決まっていますか。
　　（1．決まっている　2．曜日によっては決まっている　3．毎日バラバラ）
(6)　家の手伝いをしていますか。
　　（1．毎日する　2．ときどきする　3．まったくしない）
(7)　歩いたり、走ったりすることは好きですか。
　　（1．好き　2．まあまあ　3．なるべくしたくない）
(8)　時間を決めて、テレビゲームをしていますか。
　　（1．決めている　2．ときどき忘れる　3．決めていない）
(9)　よく肩がこったり、腰が痛くなったりすることがありますか。
　　（1．ほとんどない　2．ときどきある　3．よくある）

6 給食

トークのネタ　はじめての給食の前に

1 話し始める前に

　地域によっては中学校では弁当というところがありますが，昼食は教師の指導項目の1つであることを担任は自覚すべきです。

　指導すべき事柄はたくさんあります。食事のマナーをはじめとして，給食当番のあり方，配膳や片づけの方法，地域行政の実際に合わせたごみ処理の方法など，多岐に渡ります。

　はじめての給食の前に話すべきことは，まず給食当番のあり方です。小学校以上に短い時間で配膳をしなければならず，学級全体の協力が欠かせません。給食の配膳は，学級のまとまり具合をはかる1つのバロメーターであると言えます。

2 話の献立

- 給食配膳の方法と当番の動き方（中学3年間が1年で決まることを押さえる）
- 担任としての給食の考え方（給食時のルールや食べ残しについての考え方を押さえる）
- 1食の給食にかかる費用（給食費の他に多くの費用が使われていることを伝える）
- 給食をつくっておられる方々（給食にかかわる方々のことを伝える）

トーク　はじめての給食の前に

　明日から中学校ではじめての給食が始まります。楽しみにしている人も多いと思います。実は給食については，ちょっと心配しているという人もいるかもしれませんね。そういう人は，遠慮なく私のところまで言いに来てください。

　給食が始まるのを前にして，担任が心しておかなくてはいけないことは，給食を楽しみにしている生徒ばかりではなく，不安に思っている生徒もいるということです。実際に，給食が原因で不登校になってしまう生徒もいます。「給食について心配なことがある人は言いに来てください」と必ず伝えておきましょう。

　中学校の給食は小学校より量が多くなります。育ちざかりの中学生にとって必要な栄養を栄養士さんが考えての献立づくりがされているのです。もちろん一人ひとりの体格は違いますので，先生は無理やり食べてもらおうとは思っていません。相談にのりたいと思います。もっとも，大人に向かっていく中学生が食べず嫌いはいけませんので，なんでも少しずつは食べてほしいと思います。

　担任としての考え方をはっきりと伝えます。しかし，担任によって給食に対する考え方が大きく異なるのは進級した際に困るので，学校全体である程度統一しておくべきでしょう。

　中学校で小学校より大切になるのは，配膳の方法と時間です。テキパキと準備しなければ食べる時間が少なくなってしまいます。給食の前の時間が体育という場合は着替えの時間が必要となります。音楽であった場合は，教室に移動してくる時間もかかります。そのためには，日ごろから配膳を効率的にすることがとても大切になります。1年生ですので，はじめは先生が指示をします。それに従ってください。

　教科担任制をとっている中学校では，小学校と異なる場面が出てくることを伝え，配膳方法については担任が指示することを伝えます（配膳方法についても学校で統一されているのがベストです）。

6 給食

学級全員完食への勢いをつける手だて

1 完食できたら花まる印

　食べられないものを無理に食べさせることはいけませんが，学級全体で給食を残さないようにしようとする雰囲気をつくり出すことは大切です。

　そのための1つの方法として，給食が完食できたらその日の献立表に花まるをつけることをおすすめします。10日間ほど花まるが続いたら，担任は花まるをつけるときに「みんなの協力で，花まる連続10日達成！」などの賞賛と励ましの言葉を添えます。全員完食継続に向けて，さらに勢いが増していきます。

2 1か月完食で学級を称賛

　1か月間完食が続き，花まるがすべての日に書き込めたときには，最終日に担任が「1か月間，残さないために心を合わせ，力を合わせることができたね。なかなかできることではありません。先生はうれしいです」（I（アイ）メッセージ）といった言葉を送ります。学級全体に「みんなよかったね」（We（ウィ）メッセージ）が伝わっていきます。

3 区切りは1か月

　次月の献立表は上に重ねて貼っていきます。1年経つとその学級の成果となり，学級全体でがんばった過去を振り返ることができます。こうした累積記録は，学校・学年行事や学級活動など，諸活動の士気を高めることにつながります。

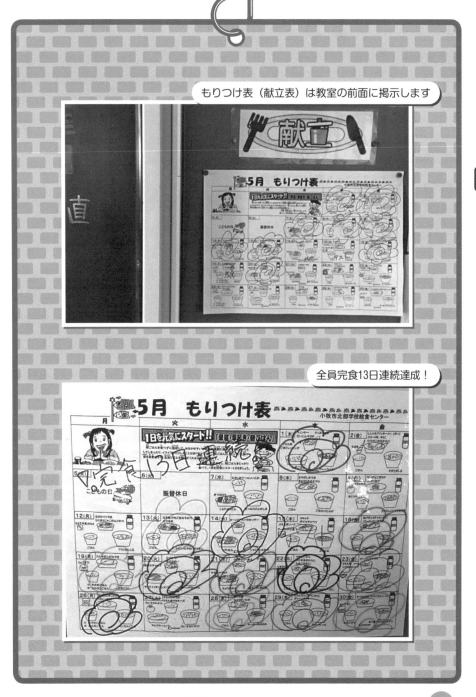

6 給食
配膳完了までの時間を記録しよう！

1 配膳完了時間を記録

　給食の準備のための身支度や配膳の時間を守るのは大切なことです。この時間を守れば，会食時間が確保でき，残食も少なくなります。

　4時間目が終了し，当番も，当番以外も速やかに給食の準備にとりかかります。配膳完了までの時間を毎日記録し，教室の前面に掲示しておくと効果的です。週や月単位で設定した目標時間が守れたときは，担任が称賛しながら全員の前で記録します。

2 目標達成を意識させるための手だて

　目標達成ができた日とできなかった日は文字の色を変えたり，下線を引いたりするなど工夫すると，全員で確認しやすくなります。

　できなかったときはその場で何が原因でできなかったのか話し合わせるようにします。記録が蓄積されていけば，取り組みの成果を学級全員が体感することができます。

3 約束事第一

　時間厳守を優先するあまり，手洗いや白衣のたたみ方等に手を抜く生徒が出てくる可能性があります。その場合には，約束事がきちんと守られていなければ，時間内に配膳が完了しても意味がないということを担任が指導するようにします。

教室の前面や黒板に掲示し，学級全員が見られるようにします

達成できた日，できなかった日がわかるように記録します

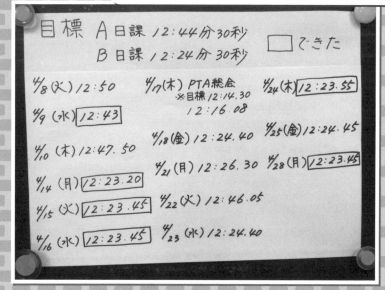

6 給食 食物アレルギーへの理解を深めよう

1 食物アレルギーへの理解

　食物アレルギーの代替弁当や除去食が教室にはじめて届く日には，命の重さについて学級全員で考えさせたいものです。担任は，食物アレルギーが命にかかわる危険を伴っていることや，クラス全員で配慮する必要があることを説明し，生徒が理解したかを確認したうえで「いただきます」のあいさつを促します。

2 自分の命は自分で守る

　食物アレルギーがある生徒の中で，弁当持参の生徒がいます。その生徒には，朝一番に職員室まで弁当を持参するように指示します。給食時間には，必ず自分で取りに行かせます。職員室では，その場にいる職員が職員室への入室の仕方や，預けるときや受け取るときのマナーや言葉遣いなどを指導します。担任にすべてを任せるのではなく，職員全員が食物アレルギーを理解し，対応が必要な生徒の情報を共有します。

3 保護者への理解を図る

　エピペンや弁当等の保管について，生徒が主体となり，自分の命は自分で守るという自覚が大切であることを，保護者の方にも意識してもらえるように配慮します。中学校は，教科担任や部活顧問等生徒にかかわる職員が多いこと，3年の修学旅行に向けて，1年時から生徒だけで行動する行事が多くなることなどを十分説明しておきます。

全員が命に向き合う大切な機会です

弁当の受け渡しを通して，自分の命は自分で守ることを自覚させます

7 家庭訪問

トークのネタ 家庭訪問の前，生徒に

1 話し始める前に

　家庭訪問は小学校でも行われるので，生徒にとって新鮮なものではありません。家庭訪問時には授業が少なくなるので，喜ぶ生徒もいることでしょう。

　教師の側からすると，家庭訪問によって授業が削減されるわけですから，授業と同じだけの価値あるものにしなければいけません。それだけに，事前に生徒を通じて保護者に家庭訪問の重要性を伝えておきたいものです。

　家庭訪問を行う目的については，「保護者と直接会い，生徒をよりよく理解するための情報を得る」「家庭や地域の様子，通学路の状況などを担任の目で確かめる」という2点がどの学校においても当てはまることでしょう。

　授業時数確保のため，家庭訪問を行わない学校もみられるようになりましたが，地域と密接に連携するためには，教師一人ひとりが地域を知ることが大切です。前述の通り，家庭訪問は地域を知るよい機会でもあります。家庭訪問がなければ，ぜひ何らかの方法で地域を知る機会をつくりたいものです。

2 話の献立

- **家庭訪問を行う理由**（生徒に改めて理由を説明し，保護者に伝えるように依頼する）
- **家庭訪問時でのお願い**（できるだけ時間を守って訪問するが，予定とずれることが多いことを知らせておく）

トーク 家庭訪問の前，生徒に

> 来週は家庭訪問だから早く帰れるぞ，と喜んでいる人がいました。気持ちはよくわかります。でも，先生たちにとっては正直に言うと大変なのです。まずは時間通り，訪問できるかどうかをとても心配しています。綿密に計画を立ててお願いをしたのですが，これまでもその通りに訪問できたことはありません。君たちからぜひおうちの方に，先生は予定通り訪問したいと言っていたけど，なかなか難しいとも言っていたと伝えてください。

多くの保護者は予定通り訪問することが難しいということは承知してくださっていますが，事前にこうした一言があると，遅れた場合の感情が違ってきます。

> 家庭訪問では，おうちの方から君たちの話を聞きたいと思っています。おうちでどのように過ごしているかを教えてくださいと伝えてください。特に聞きたいのは，中学生になって生活がどのように変わったのかを聞きたいと思っています。

このように，家庭訪問の目的を明確に伝えておきます。1年時の家庭訪問では，小学校との生活の違いを重点的に聞きます。

> 君たちが住んでいる地域の様子も知りたいと思っています。おうちの方には，通学路等で心配なところがあれば担任がぜひ聞きたいと言っていたとも伝えてください。実際にそういう場所を見ることができるよい機会だからです。

家庭訪問は，このように地域や通学路の状況を把握する機会でもあることを生徒に伝えておきます。

> ところで，先生が大変だろうと心配していただき，飲み物などを用意してくださるおうちがあります。ありがたいことですが，必要はありませんよ，と伝えておいてください。

生徒を通じてあらかじめお茶，お菓子等の接待は必要ないことを伝えておきましょう。接待に応じていると，訪問時間がずれこんだり，トイレに困ったりすることになります。

7 家庭訪問

訪問の順番決めは生徒の力を借りて

1 地域のことは生徒が一番よく知っている

　若い教師や異動してきたばかりの教師が家庭訪問で困ることの１つが，訪問の順番です。生徒の住所を基に順番を決めようと思っても，土地勘がないためによくわからないことが多いからです。
　そういったときは，生徒を頼ればよいのです。そこで生活している生徒の方が地域については詳しいはずだからです。また，中学校はいくつかの小学校から生徒が集まっている場合が多く，いくつかの校区を含めた地理の詳細については，教師より絶対詳しいはずです。中学生は頼りにされるとうれしい年齢でもあるので，ここは大いに頼りましょう。

2 地図に自宅を書き入れさせる作業から

　具体的には，生徒が登校する前に黒板に校区の地図を貼っておきます。そして，「教室に入った人から，自宅の位置に丸シールを貼って，小さく自分の名前を書いてください」と黒板に書いておきます。
　家庭訪問は多くの学校が何日かに分けて，地区別に行うはずです。例えば４地区に分けてやるとすれば，地区を意識して４つのエリアに分けましょう。そして，地区ごとに家庭訪問順決めリーダーを選出します。
　リーダーに指名した生徒には，右ページ下のような表を渡して，「先生になったつもりで，家庭訪問順を決めてください。迷うときには，友だちに聞いてくれればいいよ。ただし，先生は自動車で回るから車を止める位置まで考えてくれると大助かりだよ」とお願いします。

教室に貼っておく校区の地図（シールも用意します）

家庭訪問順番決めリーダーに渡す表

家庭訪問順（　　　地区）リーダー名（　　　　　）		
順　番	名　前	次へ車で移動可能
1	山田　太郎	○
2	岩瀬　雅子	○
3	佐藤　美香	×
4	中川　宏一	○
5		
6		
7		

8 はじめての定期テスト

トークのネタ　はじめての定期テストの前に

1 話し始める前に

　小学校と中学校の大きな違いの1つに，定期テストの存在があります。小学校でも一定期間にまとめてテストを実施することはありますが，中学校のように集中しては行われません。したがって，1年生にとって定期テストははじめての経験であることを担任は忘れてはいけません。

　はじめての定期テストに向かう生徒には，理想的なテストへの取り組みを話すことが大切です。生徒はどのように取り組めばよいのかがよくわかっていないからです。「テストに向けてがんばるように」と言うだけでは，具体的な取り組み方がわかりません。

　テスト計画の立て方，テスト勉強の仕方，テスト後のことなど，伝えるべきことは多くあります。数日に分けて，順次，的を絞って話をしましょう。

2 話の献立

- 中学校に定期テストがある意味（定期テストの意義を伝える）
- 年間の定期テストの日程（年間予定を知らせ，見通しをもたせる）
- 定期テストへの望ましい取り組み方（定期テストに向けた具体的な勉強の仕方を知らせる）
- 定期テストには学級全体で臨むこと（学級全体でテストへ真剣に向かっていこうとする雰囲気をつくることが大切であると伝える）

トーク　はじめての定期テストの前に

　さて，あと10日ほどで，君たちにとってははじめての定期テストです。定期テストは小学校ではありませんでしたね。中学校では，年間6回（例）の定期テストがあります。単純に考えると，2か月に一度はテストがあります。このテストにどのように向かっていくかで，3年間の学力が大きく違ってきます。卒業後の進路が大きく変わってきます。

　このように，定期テストの重要性をはじめにしっかり知らせておくことが大切です。

　今から，定期テストへの取り組み方を話します。よく聞いてください。定期テスト1週間前から部活動は中止になります。その理由は君たちの勉強時間を確保するためです。小学校でもテストはあったと思いますが，テストのために何かが中止になることはなかったと思います。それだけ中学校のテストは重要視されているのです。

　小学校のときと比較して，中学校におけるテストの重要性を具体的に補足しています。

　テスト計画表を渡します。あらかじめ計画を立てテストに取り組まなければ，よい結果は生まれません。テスト前日になって，テスト範囲の勉強がひと通り終わったという状態ではいけません。一度勉強しただけで，内容がすべて頭に入るわけはありません。これはだれにとっても同じです。テスト範囲は三度勉強して臨むことを常識としてください。そうすれば，どのようなテスト計画を立てなければいけないのか見えてくるでしょう。

　1年生なので，「三度勉強して臨む」など，具体的に伝えることを心がけるようにします。

　テスト勉強の方法ですが，ある先輩の数学の勉強方法を紹介します。

　1つの教科に焦点をあてて，望ましい勉強の仕方（教科書やノートの見直し，覚え込み，問題集の確認など）について，イメージが浮かぶように話しましょう。

8 はじめての定期テスト
自分だけのテスト計画表をつくろう！

1 実行可能な計画を立てさせる

　はじめての定期テストを迎えて，多くの生徒たちが驚き戸惑うことは，テスト範囲の広さと提出物の量の多さです。定期テストにおいては，具体的な目標を達成させることも大切ですが，はじめてのテストでは，「自分が立てた計画を実行する」「期日を守り課題を提出する」などの基本的なことを定着させ，その実行こそが結果につながるということを経験させたいものです。

　テスト計画表では，生徒に習い事がある日なども踏まえた自分のタイムスケジュールを作成させることをおすすめします。これを作成することにより，実行可能な学習時間を考え，１日ごとのより詳しいテスト計画を立てることができます。また，学習時間も，「予定と実際」の両方を書くスペースをつくることによって，双方のズレに気付くことができます。また，予定通りに進んだ科目には赤で×を，進まなかった科目についてはその他の色で×をつけると，「赤でいっぱいの計画表にしたい」と，生徒たちの意欲も高まります。

2 テスト当日に落ち着いた雰囲気をつくる

　テスト前日までに，受験時の注意点や課題の提出方法などをしっかり話しておくことも大切です。また，テスト前日の帰りの会終了後に，テスト隊形をつくり，机の中や横の荷物もロッカーなどに入れさせておきます。さらに黒板には，テスト当日の着席時間や試験時間，出席状況，生徒たちへの一言メッセージを書きましょう。ただし，テストの補足や訂正が入る場合もあるので，黒板にもそのペースは残しておきます。

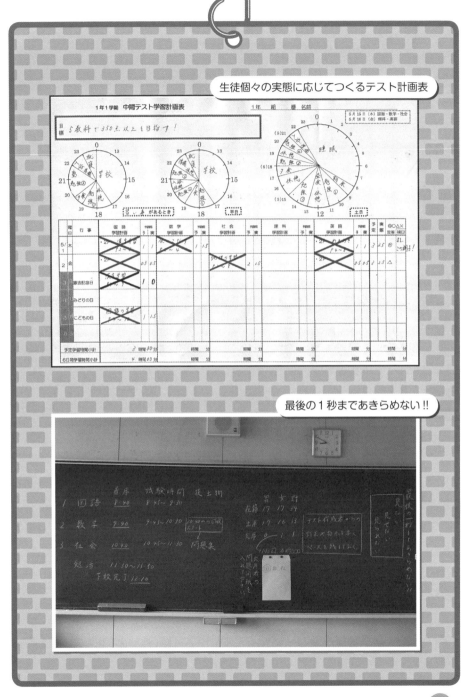

8 はじめての定期テスト

テスト範囲を可視化する手だて

1 小学校と中学校の違い

　小学校では，各教科とも単元が終わってすぐにテストが行われます。それは，小学生の発達段階では学習したことを長期にわたって記憶することが困難だからです。

　しかし，小学校高学年から中学生になるころには，中〜長期にわたって積み上げた知識を活用したり，より深めたりする力が身に付いてきます。そこで，1か月〜1か月半といったサイクルで，総まとめとして定期テストを行い，学習の定着状況や学力を把握することになります。

2 テスト範囲を可視化する

　とはいえ，これまでに経験のない広範囲に渡って各教科のテストが行われることに，1年生の多くは戸惑いを覚えます。

　そこで，教科担任からテスト範囲が示された段階で，それらを可視化することで，より安心してテスト勉強に取り組めるようにしていきます。

　まず教科書には，範囲の最初と最後のページにそれぞれ付箋を貼らせます。また，テストが近づくと授業の中でも出題内容について言及される場合があるので，そういったときは，教科書の該当ページにすかさず「ポイント」「ぜったい」などのコメント付きで付箋を貼らせるようにします。

　プリント類は，クリアファイルに挟ませるとよいでしょう。教科別にクリアファイルを用意しておけば，それぞれの教科で確認が必要なプリントの量を把握しやすくなります。

テストにおいて重要になる教科書のページに付箋を貼付します

あとは当日実力を発揮するだけ！

8 はじめての定期テスト

9 部活動

トークのネタ 部活動への本入部の前に

1 話し始める前に

　中学校の教育活動を語るうえで欠かすことができないのが部活動です。中学校生活のイメージを小学生に聞くと，多くが部活動をあげるはずです。卒業文集などで取り上げられ，卒業後にも話題になるのが部活動です。生徒にとって，それほど部活動の存在は大きいものなのです。

　体験入部を経て，いよいよ本入部をする際には，生徒にまず「初志貫徹」について話します。実際入部すると，想像以上に大変で，仲間とのコミュニケーションもとれず，部活動が苦しい時間になる生徒もいます。しかし，しばらくがんばってみることが何より大切で，慣れてくると，それまでの苦労がウソのように感じられることなどを担任の体験を交えながら話します。

2 話の献立

- **部活動のよさ**（部活動の意義について知らせる）
- **私の部活動１年生体験記**（担任の体験記を話し，部活動の大変さを具体的にイメージさせる）
- **部活動の生活の中での位置付け**（部活動を含めた１日の過ごし方を考えさせる）
- **部活動で困ったとき**（担任や部活動の顧問に素直に相談すればよいことを知らせる）

トーク 部活動への本入部の前に

> 明日から,いよいよ部活動の正式入部ですね。これまで体験入部をしたり,先生と部活動について相談したりしてきました。3年間続けることを前提にして,入部を決めましたね。今,みなさんはどのような気持ちですか?

部活動に対して,だれもがしっかりとした決意をもっているわけではありません。入部を決めた部活動について不安をもっている生徒もいます。冒頭で,このように今の気持ちを聞いてみるとよいでしょう。

> 早くから正式入部したかったという人もいますが,本当にこの部活動でよかったのかと不安に思っている人もいると思います。実は,私も中学校の部活動に入る前は,とても不安でした。私は運動が得意ではありません。どのような運動もかっこよくやれる人がうらやましくてしかたがありませんでした。

教師の実体験は,生徒も注目するものです。成功談,失敗談をいくつか用意しておくとよいでしょう。

> 「体を鍛えることも大切だよ」と担任の先生に言われて,バレーボール部に入りました。体験入部のときも不安でしたが,正式入部をしたら,さらに不安が高まりました。練習がきつくて,家に帰ったら,夕食もとることができず,すぐに寝てしまうほどでした。同じ1年生でも,基本のパスがすぐにできる人がいる中,自分は先輩に怒られてばかりでした。続けることができるだろうかと不安になったのです。

生徒の不安に寄り添うような話題をはじめに持ってきます。

> しかし,6月ごろからだったでしょうか,徐々に体が慣れてきて,パスもいつのまにか人並みにできるようになったのです。自分にはある程度の時間が必要だったのです。

このように体験を基に,正式入部したからには,不安があってもしばらくは続けてみることが大切であることを伝えていきます。

こういうシーンでは,教師が自らをさらけ出すことが何より有効です。

9 部活動

部活動への思いを
グラフ化しよう！

1 部活動への思いをグラフで表現

　3年間取り組む部活動を決めるわけですから，だれもが不安な気持ちになるものです。しかし，本入部を決めなくてはならない期限があり，いつまでも迷っているわけにはいきません。

　そこで，心の整理をするために，部活動への思いをグラフ化させてみることをおすすめします。

　例えば，入部を検討している部活動が3つあるとします。それら3つの部活動に対する入部の希望度の変化を，右ページ上のように時系列でグラフに表してみるのです。それだけのことですが，自分自身の心の動きが可視化されることで，決意が固まりやすくなります。また，このように目に見える形で表せば，親や兄弟など家族からのアドバイスももらいやすくなります。

2 年間の活動日数を知らせる

　生徒や保護者が誤解しやすいことの1つに，部活動の日数があります。年間を通してほとんど休みなしに部活動を行っていると思い込んでいるのです。実際には，部活動の行き過ぎを未然に防ぐために，多くの学校が活動日の制限を設けたり，職員会議等の教職員が指導できない日は活動を休止したりしています。

　そういったことを踏まえて，入部の前にあらかじめ年間の活動日や休止日について詳しく周知しておくことをおすすめします。生徒や保護者が想像しているほど活動日数は多くないというのが多くの学校の実態です。

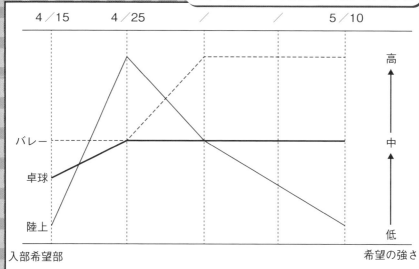

入部を検討している部活動への思いをグラフ化

生徒や保護者に周知したい活動日や休止日のルール

- 第三日曜日の「家庭の日」は，部活動中止。
- 第二・第四土曜日の「ジュニアスポーツ日」は，部活動中止。
- 土曜日，日曜日と連続して部活動は行わない。いずれかは休みとする。
- 定期テスト1週間前から部活動中止。
- 夏休み中の部活動日は20日以内とする。
- 12月28日から1月3日までは部活動中止。
- 部活動時間は，最終下校時刻の15分前までとする。最終下校時刻が16時30分であるときは，実質の活動時間は30分間となる。
- 先生たちが職員会議，学年部会などで部活動の指導につけない日は，部活動中止。
- 雨天の場合は，外で行う部活動は原則活動中止。

10 遠足

トークのネタ　遠足の前に

1 話し始める前に

　近年，年間授業時数確保のために遠足を行わない学校や，遠足の目的を明確にするために「学年オリエンテーション遠足」「フレンドシップデー」など，別名称で行っていたりする学校もあります。

　学習指導要領には「遠足」という文言はなく，「旅行・集団宿泊的行事」とされています。しかし，どんな名称でも，遠足がとても大切な教育活動であることは間違いありません。学習指導要領には次のように記されています。

　「平素と異なる生活環境にあって，見聞を広め，自然や文化などに親しむとともに，集団生活の在り方や公衆道徳などについての望ましい体験を積むことができるような活動を行うこと」

　担任は，中学校ではじめての遠足を前に，遠足の目的地や学級の実態に応じて，以下のようなことを話すとよいでしょう。

2 話の献立

- **遠足を行う理由**（遠足の意義について知らせる）
- **遠足後に期待していること**（遠足の目的を遠足後の姿で語る）
- **安心・安全第一**（学校外に出かける際の基本的な注意事項を伝える）
- **遠足の当日の日程確認**（しおりなどを基に集合時刻や持ち物など，基本事項を押さえる）

> **トーク** 遠足の前に

> 明日は遠足です。遠足の目的や学年のねらいについては，学級委員（あるいは遠足実行委員など）が，先日もしっかり伝えてくれましたね。覚えていますか？

中学校では，できる限り，教師ではなく生徒を前面に出すことを考えます。すでに生徒から伝達されたのであれば，そのことにしっかり触れることが大切です。間接的に生徒をほめることにもなるからです。

> そうですね。授業数の関係から遠足を取りやめている学校もありますが，我が校は，遠足は君たちの学校生活に絶対に必要だと考えて行っています。普段の学校生活と違う場に出て，みんなで新たなことを学んでくるのはとてもよいことだと思うのです。

保護者の中にも，「遠足＝出費がかさむ」ということから必要はないと考える方がいます。おそらく家庭でもそのようなことを口にしていることでしょう。たとえ，生徒がそれを耳にしても，生徒自身が揺るがないように，確固たる遠足の意義を話しておきましょう。

> この学校の１年生の遠足の目的地は，かなり以前から同じところになっています。自然や文化に親しめる場所ですから，先輩たちも大いに学んできています。

遠足の目的地がなぜその場所なのかを生徒に伝えることを忘れるのは意外な落とし穴です。特に，長年同じ学校に勤めていると，"１年生はこの目的地"と教師はよく知っているだけに要注意です。

> 担任としては，目的地での君たちのまとまりに大いに期待しています。だれもがリーダーの指示をしっかり聞く，お世話になった人にきちんとあいさつができる，来たときよりもきれいにするなど，気持ちのよい集団であってほしいと思います。

こういったことは，折に触れて生徒に話しているはずなので，お説教じみた話にならないように，場合によってはさらりと触れる程度でもよいでしょう。

10 遠足

10 遠足

遠足を成功に導く
班決めとルールづくり

1 班決めの成功が，遠足の成功を大きく左右する

　遠足は，普段の学校生活にいま一つやる気を出せないような生徒も楽しみにしている特別な日です。そして，生徒の一番の関心事が遠足の班です。

　班の決め方は，好きな子同士で集まる，くじを引く，先に班長を決め班長の話し合いで決める，出席番号順に分ける，…など，いろいろな方法が考えられますが，学級で話し合い，生徒たち全員が納得するように決めたいものです。班に入れず，一人ぼっちになる生徒を出してはいけないことも，班決めの前に必ず押さえておきましょう。班決めの成功が，遠足の成功を大きく左右すると言っても過言ではありません。

　また，遠足の日限定の班にせず，事前事後もその班で生活する機会を意図的に増やすと，生徒の交わりが深まります。

2 生徒にルールを考えさせる

　みんなが楽しみにしている遠足ですが，ただ楽しければよいというものではありません。本当の意味でみんなが楽しいものにするためには，ルールが必要です。

　そこで，おすすめなのが，生徒たち自身にルールを考えさせることです。教師から与えられたルールよりも，自分たちで決めたルールの方が，生徒たちはきっと守ろうとします。教師がどうしても入れたいルールがあれば，話し合いの最中に助言するようにします。大切なのは，生徒に，自分たちが決めたルールであるということを自覚させることです。

> 遠足の班決めの進め方の例

①どんな遠足にしてほしいか，担任としての思いを語り，班決めをすることを告げる。
　※班決めの成功が，遠足の成功を大きく左右すること，一人ぼっちになる生徒を出してはいけないことも押さえておく。

②決め方にこだわらず，生徒の思いを尊重しながら班決めをする。
　※男女混合の班をつくるときは，中学生の発達段階を考えて，まずは男女別に班をつくり，後で男女を組み合わせるという方法もある。

③班が決まったら，学級全体で間違いがないか確認し，決まった班に納得しているか，その班でどんな遠足にしたいかなどを書かせる。
　※生活ノートなどに家で書かせてもよい。

> 生徒たちが決めた遠足のルールの例

【最高の遠足にするための７か条】

①あいさつ……笑顔で，元気よくあいさつをしよう！
②時間…………10分前行動，5分前整列をしよう！
③けじめ………場面を考えて，切り替えをしっかりとしよう！
④ルール………決められたルールの中で楽しもう！
⑤身だしなみ…中学生として，ふさわしい身だしなみをしよう！
⑥協力…………仲間と協力し，最高の思い出をつくろう！
⑦感謝…………支えてくださるすべての方に感謝して活動しよう！

11 ２回目の定期テスト

トークのネタ ２回目の定期テストの前に

1 話し始める前に

　はじめての定期テストを終え，生徒の気持ちは大きく二分していることを踏まえて話します。成果が出て，さらに前向きに取り組もうとしている生徒がいる一方，思うような結果が出ず，保護者からも少なからず怒られ，後ろ向きになっている生徒もいます。

　生徒には，結果も大切である一方，テストに向かって精一杯取り組む姿勢が大切であることを伝えたいものです。努力せず，よい点数がとれたところで，その価値は低いことを話しておくとよいでしょう。「努力の成果は加速度的に現れる」と言います。地道に努力していると，その成果は，あるとき急に現れたりもするものであることを，具体例を交えて説明します。担任の経験談も有効です。自身の中学時代を振り返りながら話すとよいでしょう。

2 話の献立

- ２回目の定期テストを迎える心構え（１回目の結果に左右されず，努力を続けることの大切さを伝える）
- １回目の定期テストの振り返り（取り組みを自己反省させる）
- 自分に合ったテスト勉強計画（１回目の振り返りを生かすためには勉強計画から考え直す必要があることを知らせる）
- テスト勉強の方法例（学級内で方法を交流するとよい）

トーク 2回目の定期テストの前に

　来週から中学生として2回目の定期テストに臨むことになります。今日から部活動も中止期間に入ります。準備は進んでいますか？　目をつむってください。準備は着々とできている人は手を挙げてください。

　このようにはじめに挙手させるなど，動きを入れるとよいでしょう。話に集中させるためです。ただし，手を挙げない生徒を叱責するようなことをしてはいけません。

　なるほど。なかなか計画通りにできるものではありませんね。今日からリセットして取り組み始めてください。1回目の定期テストの結果を返したときに，とてもうれしそうな顔をした人が何人かいました。結果がよかったというのは喜ばしいことです。しかし，安心してはいけませんよ。油断大敵という言葉を知っているでしょう。

　はじめに，1回目の結果がよかった生徒にこのような話をしましょう。1回目の結果がよくなかった生徒にも納得できる話を聞かせ，気分を前向きにさせることが必要だからです。

　残念ながら1回目があまりよくなかった人が何人もいます。先生のこれまでの経験では，1回目と2回目の結果が大きく違い，びっくりするほど上昇した人が何人もいます。1回目は勉強の仕方がわからなかったという人がいますね。テストに慣れていないために，全部の問題に取り組めなかったという人もいます。振り返りをしっかりすることで，逆転をした人がこれまで何人もいます。

　定期テストの結果には，当然浮き沈みが伴うことを踏まえて話を進めていきます。

　一度の失敗なんて大したことではありません。前向きに取り組み続けることが重要なのです。

　1年のこの時期の成績は，努力次第で大きく変容するものです。担任の励ましが功を奏することを信じて，そのことをしっかり伝えたいものです。

11 2回目の定期テスト
前回の振り返りを生かした テスト対策

1 振り返りを生かした対策

　1回目の定期テスト終了後に，テストの振り返りをさせます。生徒に各教科のテストへの取り組みを自己評価させるのです。「取り組み姿勢は高いが，結果は悪い」「取り組み姿勢がよく，結果もよい」「取り組み姿勢が悪く，結果も悪い」など，生徒によってテスト結果との相関に違いが出てきます。次に，なぜそのような結果になったのかをテスト計画表で分析させます。

　そして，2回目の定期テストの計画を作成するときに，この振り返りを生かし，苦手教科の学習時間を増やす，1日に学習する教科を2教科に絞る，といった具体的な対策を立てさせます。また，前回のテストと比べて○点や○位アップなど，がんばれば手の届きそうな範囲の具体的な目標を立てさせることも大切です。

2 小グループを用いた活気あふれる学習会

　テスト週間中は，休み時間にも学習する雰囲気をつくりたいものです。しかし，「勉強しよう」と呼びかけただけでは，そのような空気はなかなか生まれません。そこで，学級全員が同一教科に取り組む小グループ学習をおすすめします。朝の時点で，今日の教科を告げ，休み時間までに一人5問問題を作成しておくように指示を出します。そして，解答用のプリントを配付し，時計回りに問題を出し合っていきます。作成者は10秒後に答えを言う，答えを理解できない仲間がいたら解説をする，などの具体的なルールを決めておくと，よりスムーズにグループ学習を行うことができます。

テストの振り返りに用いるプリントの例

テストに向けての**がんばり度**を1〜5に○をつけよう!!

各教科の15日間の勉強時間の総計					
教科	国語	社会	数学	理科	英語
合計	5 時間	7 時間	4.5 時間	3 時間	4

1	2	3	④	5
思い通りにがんばれなかった		思った通りのがんばりができた		想像以上にがんば

どれだけ計画通り進められたか

1	2	③	4	5
計画通り進まなかった		計画通り進められた		計画した以上にで

グループ学習用の解答プリント（一人5問出題）

　　月　　日　　1年　組　名前（　　　　　　　　）

1. （　　　　　）　　11. （　　　　　）
2. （　　　　　）　　12. （　　　　　）
3. （　　　　　）　　13. （　　　　　）
4. （　　　　　）　　14. （　　　　　）
5. （　　　　　）　　15. （　　　　　）
6. （　　　　　）　　16. （　　　　　）
7. （　　　　　）　　17. （　　　　　）
8. （　　　　　）　　18. （　　　　　）
9. （　　　　　）　　19. （　　　　　）
10. （　　　　　）　　20. （　　　　　）

11 2回目の定期テスト

2章 中学1年の学級づくり　365日の仕事術＆アイデア

11 2回目の定期テスト
テストに向けた学級の雰囲気づくり

1 テストに向けた雰囲気づくり

　中学校に入学し，はじめての定期テストを迎えたけれど，状況もよくわからないうちに終わってしまった，という生徒も少なくないことでしょう。

　「今度こそ，がんばるぞ」とだれしもが思うものの，あっという間に次のテストを迎え，「次こそは…」と悔やむ。こういったことを繰り返しているとテストに対する意欲はだんだん低下していきます。

　このような，テストに対する意欲の低下を防ぐためには，例えば，テストに向けた学習方法をグループで紹介し合うなど，学級全体で話題を共有することが重要です。また，右ページ上の写真のように，テスト日までをカウントダウンする掲示物をつくるなどして，テストに向けた学級の雰囲気づくりを行っていくことも有効です。

2 定期テストファイルの作成

　1年生の中には，学習の仕方だけでなく，計画の立て方，振り返りの生かし方がわからない生徒もいます。そこで，テストの日時や教科，テスト範囲をまとめた「定期テストファイル」を配付することをおすすめします。そのファイルでテスト勉強への取り組み方をチェックし自己評価も行います。

　最後の振り返りの欄は保護者の方にも見てもらい，コメントをいただきます。

　また，課題ができてしまうと満足する傾向がありますが，課題を終えたところからがテスト勉強と認識させることも必要です。

テストまでのカウントダウンで雰囲気づくり

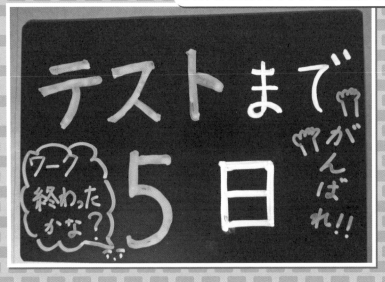

定期テストファイル（左ページにテスト範囲表，右ページに自己評価欄や振り返り欄）

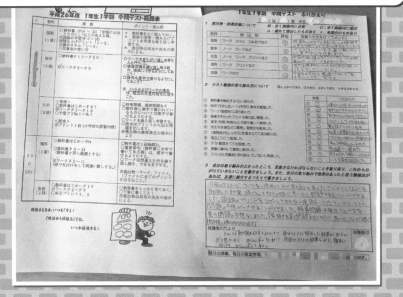

1学期の通知表

❶ 1学期の通知表作成のポイント

　1年1学期の通知表で，多くの生徒や保護者が少なからずショックを受けるのが評定です。小学校段階の評定は絶対評価とはいえ，「1・2・3」の3段階であり，中学校では「1・2・3・4・5」の5段階になるからです。小学校の評定とあまりにも違う生徒には，通知表所見でその生徒のよさをより強調するなどの配慮をしましょう。

❷ 1学期の通知表所見の文例

❶学級の仕事を率先して果たそうとしていた生徒

　係活動では，理科係として，必ず教科担任に確認のうえ，次時の予定を仲間に伝えたり，提出物のチェックをしたりするなど，自分の仕事に責任をもって取り組むことができました。

　係活動については，具体的な活動を明記したうえで，その様子を保護者にも伝わるように明確に示すことが大切です。係活動においてどのような場面でほめることができたのかを思い出すとよいでしょう。

❷基本的な生活習慣を確立できている生徒

　学級の仲間だけでなく，廊下ですれ違う教職員や来校者に対しても，自分からあいさつをすることができました。清掃活動では，教室の床を水拭きぞうきんで隅々まで拭くなど，一生懸命にていねいに活動しました。

　あいさつ，返事，清掃などを進んで行う生徒は所見が書きやすいものです。ただし，通知表の他の項目（生活の記録）と一致していることが大切です。所見と評価欄（○，△）で異なっていては，通知表の信頼が薄れます。

❸学習面でがんばりがみられた生徒

　数学に力を入れ，教科書や問題集の問題をたくさん解くだけでなく，授業も真剣に聞くことができました。積極的に発言する姿もみることができ，2学期でのさらなる飛躍を期待しています。

　授業中のよい姿を具体的に示し，生徒自身がどのような姿をほめられているかがわかるように書くことが大切です。生徒がわからなければ，保護者もわからないと考えて，所見を作成しましょう。

❹努力に対して成果が思うように上がらなかった生徒

　授業中には，発言する仲間をしっかり見て話を聞くことができました。ノートもていねいにとり，大切なことを聞き逃さないという姿勢がみられました。すばらしいことです。継続は力なりです。

　努力に見合った成果がいつも得られるわけではないということは，中学生となると実感する場面が多くなると思います。前向きに取り組んでいることを大いに認め，地道な取り組みを継続するように励ましましょう。

❺中学校の授業のペースをなかなかつかめなかった生徒

　小学校のときと同じようにがんばっていることがよくわかりました。中学校の学習進度の速さに徐々に慣れてくると思います。努力の成果は加速度的に表れます。今の姿勢を貫きましょう。

　中学校の授業スピードに慣れることなく1学期終了を迎えてしまう生徒がいます。所見において具体的な指導はできませんので，成績不振の理由をそれとなく示し，励ます所見を書きましょう。

12 夏休み

トークのネタ 夏休みの前に

1 話し始める前に

　中学生としてはじめて迎える夏休みは，小学生のときと違ってかなり忙しいということを生徒はわかっていません。課題の量や（主に部活動による）出校日数に大きな違いがあることは，1年生には想定できないのです。
　したがって，夏休み期間中の自身の動きをイメージさせるように話すことが大切です。毎日やらなければならないこと，夏休み前半までに終えておかなければならないことを決める，夏休み中の部活動の日程を計画表に書き込むなど，具体的な作業をさせるとイメージしやすくなります。
　また，夏休みは気がゆるんだことによる交通事故や水難事故が起こりやすくなります。安全に気を付けることは繰り返し伝えておきましょう。
　今年の夏休みのキャッチフレーズを決めさせてもよいでしょう。自分が目標とする夏休みを言葉で表現させるのです。

2 話の献立

- 小学生と中学生の夏休みの過ごし方の違い（課題の量に違いがあること，部活動等で出校することが多いことを知らせる）
- 見通しをもって過ごしたい夏休み（今年の夏休みの目標をキャッチフレーズふうに決めさせて，日々，意識して過ごすことができるようにする）

トーク 夏休みの前に

　いよいよ待ちに待った夏休みがやって来ますね。楽しみにしている人は？　先生も楽しみにしていますよ。

　どれほど課題があっても，部活動があっても，夏休みは楽しみなものです。まずは，生徒の夏休みに対する期待感を高めましょう。

　ところで，ここに各教科から出された課題一覧があります。小学校とは量が全然違いますね。1か月あまり（※地域の実態に合わせて表現）1学期の学習内容に触れていないと，だれもが忘れてしまうものなのです。ですから，各教科の担任の先生から，これだけは夏休みにやっておいた方がよいという課題が出されています。詳しくは，教科の授業で話していただけると思いますが，あなた一人だけが課題が多いわけではありません。ほとんどは共通課題です。しっかり取り組んでください。

　夏休み明けに登校できなくなる生徒の中には，課題ができておらず，学校に足が向かないという者が少なくありません。学級担任であれば，すでに個々の状況は把握しているはずなので，こうして全体に話した後，個に応じてひと言声をかけておくとよいでしょう。

　もう1つ，小学校との違いとして，部活動で学校に出てくる日数が多いということがあります。それぞれの部活動で何日活動があるか聞いていますか？　それも夏休みの計画表に書き込んでおいてください。運動部はこの夏の大会が終わると，3年生が引退します。2年生が主となり，1年生の活動の場も広がるので，休まないようにしましょう。

　夏休みに部活動を休みがちになる生徒は，秋以降にはますます部活動への出席が鈍ります。このことを踏まえて話しておきます。

　最後に，「2015年私の夏休み」と題して，それぞれの夏休みのキャッチフレーズをつくりましょう。例えば，私の場合，2015年私の夏休みは，「本を10冊読む夏」に決めました。皆さんにも考えてもらいます。

　各自のキャッチフレーズを短冊に書かせ，教室に貼るとよいでしょう。

12 夏休み

12 夏休み

事前の計画づくりが夏休みを有意義に過ごすカギ！

1 はじめに手をかけて

　中学校の夏休みの過ごし方は，小学校のときとは大きく違います。5教科（国・社・数・理・英）の学習があり，部活動があり，作品応募や習字といった諸々の課題もあります。本人が戸惑うばかりでなく，保護者の方にも驚かれる方がいます。

　そこで，夏休みの予定を書き込むことができるプリントを用意し，計画を立てさせます。また，1学期に計画的に学習が進められなかった生徒，特に課題の提出が遅れがちだった生徒には，個別の指導を行う必要があります。このときに，「何を」「いつやる」という具体的な計画を立てさせます。計画をしっかり立てることでうまくいけば，できた喜びが自信とやる気につながり，自主的な取り組みが持続していくようになっていきます。

　はじめに手をかけて細かく指導しておくことが何よりも大切です。

2 通知表を渡すときの一言準備

　通知表を渡すとき，どのような言葉をかけるか決めているでしょうか。行き当たりばったりで言葉をかけても，生徒の心に響くものではありません。

　通知表の所見から特に大切なひと言を事前に決めておくとよいでしょう（所見欄がない学校は，学級経営案などに書き溜めてきたメモなどを参考に準備すればよいでしょう）。

　3学期制の学校では，通知表を渡すのは夏休みの直前です。夏休み前に生徒の気持ちを引き締める意味でも，生徒の心に響く言葉をかけたいものです。

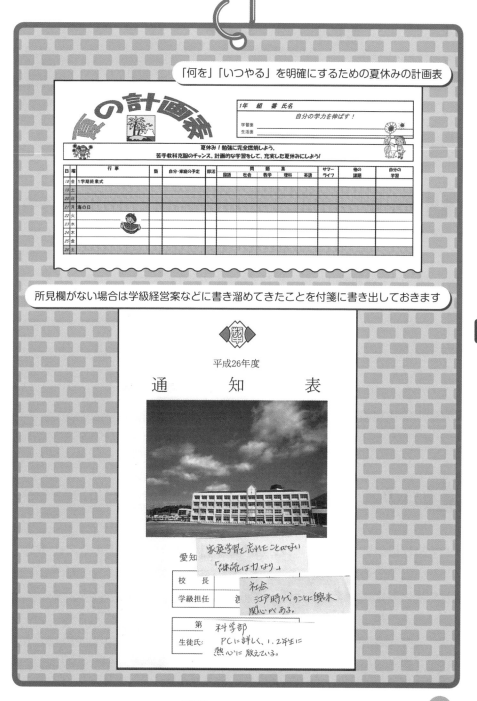

12 夏休み

トークのネタ　夏休み中の出校日に

1 話し始める前に

　最近は，夏休み中の出校日にも家族旅行などを優先させる家庭が多くなりつつあります。したがって，出校日の出欠席は確実にとらなければなりません。事前の欠席連絡なしに出校していない場合は，学年主任等に伝えて，確実に動向をつかむ必要があります。

　出校日には，いつも以上にしっかりと生徒の様子を観察しましょう。夏休み中に，生活のリズムを崩したり，何らかの問題を抱えてしまっている生徒が必ずいます。担任だからこそ表情から生徒の状況をつかむことができるというプライドをもって，教室に出かけたいものです。

　夏休み中の出校日は，通常は１，２回程度です。夏休み中の生徒の様子をつかむための日と考え，元気に登校できたことを認める話をするとよいでしょう。

2 話の献立

- 出校日のプログラムについて（出校日は特別な内容を組むことが多いので，その確認を確実に行う）
- 夏休みに入ってこれまでの出来事について（例えば，市内大会の結果や８月上旬であれば，広島・長崎への原爆投下など，平和について考える中学生にふさわしい話材を提供したい）

トーク　夏休み中の出校日に

　全員そろっていないのは寂しいことですが、欠席している人たちも元気でいることは確認していますよ。家の都合でやむを得ず欠席をしているのです。こうしてみなさんが元気な顔を見せてくれたことをうれしく思います。というのは、新聞やテレビなどで見ていると思いますが、夏休みに入って、全国では川遊び中に亡くなってしまった中学生もいます。命があることは当たり前のことではないのですよ。

中学生であれば、社会の様子についてある程度は知っておくべきです。特に同年代の仲間が新聞等に掲載された情報には注意をはらう必要があります。そのために、このように担任が意識して話題にします。

　今日の日程は、もちろんいつもと違います。これから体育館で全校集会を行います。校長先生から、夏の大会の表彰伝達があります。ところで表彰と言わず、なぜ表彰伝達というのかわかりますか？

「表彰」と「表彰伝達」というわずかな言葉の違いに着目させ、生徒の言語感覚を磨きます。言語活動は、国語をはじめとした教科の学習の中のみでするものではありません。

　そうですね。すでにその大会で表彰されているのです。例えば、市長さんから大会会場で表彰されているのです。そのときの賞状を学校が預かっていますから、全校のみなさんに栄誉を伝えながら、その賞状を渡すという意味で、表彰伝達と呼ぶのです。

生徒の言語感覚を磨くチャンスは、このようにちょっとしたことの中にもたくさん潜んでいます。

　集会の後は久しぶりの清掃です。使っていない教室でもほこりはたまっています。ぜひしっかり取り組んでください。その後は、本日提出すべき課題を集めます。1学期のように係の人が率先して動いてくれるととても助かります。

1学期に機能していた係や当番を活用しない手はありません。

12 夏休み

来てよかったと思わせる
出校日の演出

1 出校日前の教室清掃

　生徒の中には，夏休み中の暑い日にわざわざ登校しなくてもいいのに…という気持ちの者も少なからずいます。そんな生徒も「学校に来てよかった」いう気持ちになるように準備をします。

　例えば，長い間使用していない教室は，ほこりで汚れています。出校日に生徒にじっくり清掃をさせるのも１つの手ですが，あえて出校日の前日に担任が一人で清掃をして机を整頓し，教室環境を整えて生徒を迎えます。生徒に「先生が自分たちのためにきれいにしておいてくれた」と感じさせることが大切なのです。

　このような間接的なコミュニケーションでも，教師と生徒の相互理解は深まります。

2 夏休みの課題をあきらめさせない

　多くの１年生が夏休み中は部活動に一生懸命取り組みたいと考えています。それと引き換えに課題がたまってしまい，そのことを重荷に感じながら登校している生徒も少なくありません。これは，２学期に登校を渋る原因の１つとなり，ひいては不登校につながっていく危険な予兆です。

　そこで，課題が思うように進んでいない生徒にも，まだ十分時間はあるので，残りの時間で落ち着いて終わらせるように言葉かけをします。そういった生徒が学年や学級で一定数見受けられる場合は，「課題提出のための学習会」を設け，生徒に参加を呼びかけるのも１つの手です。

ピカピカの教室には，きっと生徒も心を動かされるはず

課題提出のための学習会への参加を呼びかけるプリント

学習会に参加しよう

夏休みの課題が終わっていない人は，
8月25日（月）～8月27日（水）の学習会に参加して終わらせましょう。

8月25日（月）
① 9:00～10:00 数学
② 10:15～11:15 英語
③ 11:30～12:30 国語

8月26日（火）
① 9:00～10:00 数学
② 10:15～11:15 社会
③ 11:30～12:30 理科

8月27日（水）
① 9:00～10:00 数学
② 10:15～11:15 英語
③ 11:30～12:30 自分ができていないもの

13　9月1日　2学期始業式

トークのネタ　2学期始業式の日に

1　話し始める前に

　2学期になると，4月ごろと比べると体も大きくなってきます。夏休み明けに生徒の成長に驚くこともあるでしょう。そういった驚きも素直に生徒に伝えるとよいでしょう。

　1年の2学期は，いよいよ本格的に自らの手で学級や行事をつくっていく時期です。体育大会，文化祭，合唱コンクールなどが目白押しの学校もあることでしょう。1年のときに行事を自分たちの手でつくっていく経験をした生徒は，2年，3年でも活躍できます。ぜひとも，だれもが何らかの形で行事にかかわることができるようにしたいものです。ここは担任の采配の見せ所です。もちろん，担任がある程度の見本や指示をすることも重要です。

2　話の献立

- 2学期の学校・学級行事について（行事のイメージと見通しをもたせ，自分がどこで活躍できるか生徒に考えさせる）
- 生徒がつくる学校・学級行事について（小学校ではどちらかというと担任の指示に従って動いてきた経験がほとんどなので，具体的事例をあげて，自らつくることの意味を伝える）
- 担任が願う2学期の姿について（中学3年間を考えると，1年の2学期で9分の2まで到達することに触れ，望ましい姿を伝える）

トーク 2学期始業式の日に

　さあ，いよいよこの学級も2学期を迎えました。4月に君たちに出会ってから6か月目に入ったのです。みんな随分体も大きくなりましたね。○君は，かなり身長が伸びたのではありませんか？　もちろん，成長の時期は人によって違いますから，今はまだ体の内部でエネルギーを蓄えている人も多いのですよ。

　久しぶりの出会いで身体面の成長を感じる生徒がいることでしょう。ただし，中学生の中には，自分の体の成長を心配している生徒もいるので，最後のフレーズのような配慮の言葉も必要です。

　さて，2学期はこの学級にとっても，学校にとっても，とても大切な学期です。行事が目白押しです。例えば，体育大会は9月に行います。文化祭は11月です。いずれも中学校においてはとても重要な行事です。おうちの方々もたくさん見に来られます。

　2学期の主な行事を黒板に書き出してみてもよいでしょう。

　ここでよく覚えておいてほしいのは，例えば，小学校での「運動会」が中学校になって「体育大会」と単に名前が変わるだけではないのです。

　生徒自らの手でつくっていくことをしっかり伝えるために，小学校とは違うことを強調します。

　体育大会では，台の上で指揮をするのは先生ではありません。生徒です。選手をスタート位置まで誘導するのは先生ではありません。生徒です。学級別の得点を集計したり掲示したりするのも生徒です。つまり，中学校の行事は，生徒の手でつくっていくのです。これは，学級においても同じです。学級間で応援を競い合うこともしますが，その応援を考えたり，まとまりがある応援になるように練習したりするのも，できる限り，君たちだけでやってもらいます。これが中学校の行事です。

　"生徒が自らつくっていく行事"といっても，経験がないことはよくわかりません。このように，なるべくたくさんの具体例をあげて話すことが重要です。

13　9月1日　2学期始業式

学級の団結を訴える担任のメッセージ

1　校長講話を担任の言葉で再度伝える

　始業式で校長先生が生徒に話したことを，担任が自分の言葉で再度生徒に話します。校長先生が言ったことを担任も同じように願っているのだと伝えるわけです。

　始業式から学級活動が始まる間の短時間しかないところのことですから，式の間にメモを取り，話すことをまとめておくとよいでしょう。

2　担任自身のメッセージを伝える

　1学期を経てようやく中学校生活に慣れてきたと思うころに，行事の多い2学期が始まります。ここでもはじめてのことばかりで，教師が教えるべきこともまだまだたくさんあります。

　しかし，教師が一方的に押しつけるような指導を行ってしまうと，生徒が行事に楽しく参加することができないことはもちろん，生徒の力でつくる行事にも到底なり得ません。

　ここは，担任としての大きな見せ場です。「一人ひとりには小さな力しかないけれど，行事への取り組みを通して，それらを学級全員で大きな力に変え，1つのものをつくり出そう。仲間を思いやり，みんなで行事を楽しもう」といったように，担任からのメッセージを熱く語ります。

　その場だけで終わらないように，そういったメッセージを右ページ下の写真のように短冊にしたためて，教室内に掲示しておくというのも1つの方法です。

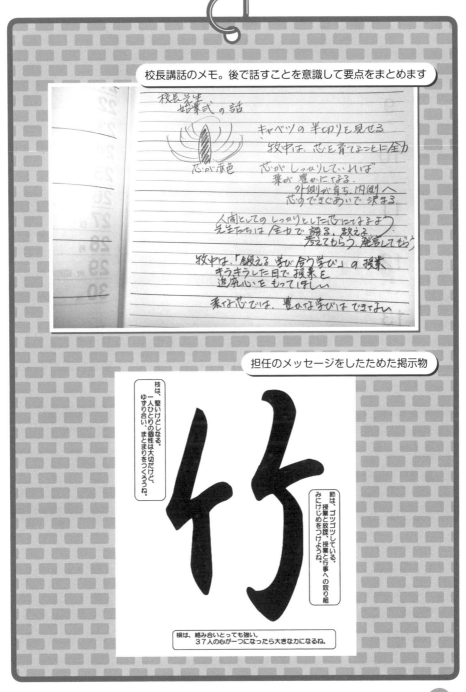

14 体育大会

トークのネタ 体育大会に際して

1 話し始める前に

　1年生の担任は，まず生徒に体育大会の正しいイメージをもたせることが大切です。そのために，体育大会を特別活動の面から語ります。国立教育政策研究所発行の『特別活動と生徒指導』では，特別活動において生徒指導の面から重視したい取組例として「運動会（体育祭）などの『学校行事への協力』の活動の中で，児童生徒が役割を分担し，それぞれの個性をよりよく生かしたり，発揮したりして活躍できるようにする取組」をあげています。

　児童生徒について述べられていますが，これがまさに中学校における特別活動です。

　また，運動を苦手としている生徒もいます。小さなことにも恥ずかしさを強く感じる時期なので，そういった生徒への配慮も重要です。

2 話の献立

- **体育大会は日ごろの力を発揮する場**（体育の授業等で身に付けた力を見せる場であることを知らせる）
- **体育大会での学級目標づくり**（学級としてどのような目標を立てて体育大会に臨むかを考えさせる）
- **体育大会は一人ひとりが支える**（それぞれが大会を支える役割を担っていることを伝える）

トーク 体育大会に際して

　小学校では「運動会」と言っていましたが，中学校では「体育大会（祭）」と言います。実は，名前以外にも大きな違いがあるのです。今からその違いについて話しますから，よく聞いてください。

中学生としてはじめて体験する体育大会です。ワクワク感をもたせつつ，一人ひとりが役割を担って全校でつくり上げていくことを伝えます。

　体育大会を見ていて，地域の方が言いました。「小学校と違って，先生の姿が運動場であまり見えないね」と。これはどういうことだと思いますか？

質問をして，まずは生徒に考えさせます。数人の発言によって，きっと中学校の特徴がはっきりすることでしょう。

　そうですね。今，3人の人が発言してくれました。先生の姿が見えないということは，その分生徒が活躍しているということです。君たちはまだ1年生ですので，3年生のように前面に出てやることは少ないですが，だれもが役割をもつことになります。これが小学校の運動会との大きな違いです。

生徒には，運動場でテキパキと動く姿を想像させたいものです。

　しばらくすると委員会の時間があります。委員会に所属している人は，その時間に役割分担がされると思います。体育大会を支えるための仕事をもらうことをぜひ喜んでほしいと思います。

学校全体で仕事を分担していることを伝え，学校へ貢献していこうという気持ちを高めます。

　体育大会にはいろいろな種目があります。種目ごとに出場する選手を決めなければいけません。運動は苦手だという人もいます。学級全体でだれがどこに出場するとよいかをしっかり話し合って決めてほしいと思います。先生は君たちに任せます。

思いきって全面的に任せた方が，生徒は学級のことを考えて行動します。ただし，だれもがやりたがらない種目決めでは，押しつけ合いが発生しがちなので，注意深く見守る必要があります。

14 体育大会

学級の団結を強める種目決め

1 種目決めのための準備

　生徒にとって，どの種目に出場するのかは大きな関心事です。種目決めを生徒主体でできるように１学期の間にリーダーを前に立たせて育てておきたいものです。とはいえ，いきなり前に立たせてその場で決めるのではなく，事前に種目を紹介し，リーダーとは種目決めの打ち合わせをしておきます。種目の中には，短距離走やレクリエーション的な要素の強い種目などの比較的出場しやすい種目と長距離走などの出場することにためらう生徒が多い種目があります。行っている体育の授業や生徒の実態によって，決めにくい場合も考えられます。そこで，リーダーと打ち合わせていく中で，アンケートをとったり，長距離走から先に決めたりするなどの手だてを考えさせ，準備をさせたうえで，種目決めを行います。

2 譲り合いの姿勢をほめる

　すべての生徒が第１希望の種目に出場できるというのは，現実的には難しいことで，譲り合いの場面が必ず出てきます。担任は，種目決めが終わったところで「仲間のこと，学級全体のことを考えて，譲り合う姿勢がたくさん見られたね。出場できる種目に感謝の気持ちと責任をもって全力を尽くそうね。特に勇気を出して，長距離走に出場を決めた〇〇君に激励の意味を込めて大きな拍手をしましょう。当日はみんなで声をかけ合って全員にとって気持ちのよい体育大会にしましょうね」といったように，種目を決める過程をほめ，当日に向けての気持ちを高めます。

リーダーに配付したり，教室掲示したりする種目リスト

体育大会　体育競技種目リスト

○100m走
○200m走
  ＊説明不要。100m，200mをそれぞれ全力で駆け抜ける。
○80mハードル
  ＊ハードルの高さは授業でやった程度。低めです。
○600m，800m走
  ＊女子600m、男子800mという長距離走
○スウェーデンリレー
  ＊100m（男）→100m（女）→200m（男）→200m（女）→300m（男）で走るリレー！
○学年縦割レクリエーション（台風の目）
  ＊小学校でおなじみ。棒を持って走る。
○6人7脚
  ＊6人7脚で50mの距離を走る。

種目の確認と保護者への伝達のための学級通信

体育大会種目決定！

競技種目
○ 100m　　卓敬　琢大　匡　孝士朗　百合菜　帆乃香　くるみ　佳奈
○ 200m　　出口　琳太郎　知恵子　安希
○ 80mH　　佑　一冴　彩音　宇津野
○ 600m　　幸那
○ 800m　　将斗
○ スウェーデンリレー　　正岡　愛結　純也　みゆな　琳太郎

レクリ種目
○ ドッジビー　　大貴　くるみ
○ 2人3脚　　安希＆侑花　佑＆友和　和＆土屋
　　　　　　　拳八＆佑哉　彩音＆宇津野　綾汰＆恩ちゃん
○ 綱引き　　北里チーム：拳八　友和　幸那　和
　　　　　　小木チーム：卓敬　純也　土屋　知恵子

みんなで協力し、仲間のことを考えて決めることができたね。この調子でがんばろう！

14 体育大会

応援団長はオーディションで決めよう！

1 応援団員は立候補で

　応援団員はやる気があることが一番です。声が大きい小さい，男だから女だから…，そんなことは一切関係ありません。普段控えめな生徒や，学級で指導の対象となることが多い生徒などに自信をもたせ，成長させるには絶好の機会です。

　そういったことを踏まえ，応援団員を決めるときは立候補を原則とします。そうすることで，練習などで苦しいときにも「自分で決めたことだからがんばらなきゃ」と思わせることができます。

2 応援団長を決めるオーディション

　応援団長を決めるときにおすすめなのが，オーディションです。

　応援団長に立候補した生徒に，運動場で意気込みとお題に応じた言葉を叫ばせます。

　お題は何でもよいのですが，生徒が言いやすく，なおかつ盛り上がるテーマに決めるとよいでしょう。夏休みの応援練習の日などに行えば，授業の迷惑にもならず，多くの生徒が校舎にいるので人前で度胸をつけるにはもってこいです。

　ちょっとしたことですが，審査する生徒も含め応援練習のムードが一気に高まります。せっかく運動場で行うわけですから，クラスみんなで声を出して応援練習をするのも気持ちのよいものです。

応援団長オーディションの様子

クラス全員で声を出そう！

14 体育大会

体育大会に向けた学級のムード盛り上げ術

1 先輩から学ぼう

　体育大会では，生徒を1年から3年までの縦割りグループにして活動する学校が多いでしょう。そういう場合，各競技の作戦を立てたり，練習したりすることをすべて縦割りリーダーの3年生が中心となり，生徒たちだけで行っていきます。まさに，中学校の学校行事は生徒が自分たちの手でつくり上げることを象徴するシステムと言えます。

　このように，縦割りグループを取り入れた体育大会において，1年生は3年生や2年生の真似をすることが一番大切です。

　そこで，短学活に3年生のリーダーを招き，体育大会にかける思いを2，3分間でよいので語ってもらうことをおすすめします。担任としては，「3年生の思いをしっかり受け止めよう」「いずれ君たちもあんなふうに立派に語れるようになってほしいな」といった言葉かけを忘れないようにしましょう。また，先輩の作文を紹介するのもよい方法です。団結することの大切さを感じさせるような作文を朗読して聞かせるのもよいでしょう。

2 体育大会当日をよいムードで迎えるために

　体育大会の前日，生徒が帰った後，担任の思いを板書しておきます。

　また，下校前に，生徒一人ひとりに体育大会に対する意気込みを書かせるのもよいでしょう。思いを実際に書いてみることで，決意も新たになります。体育大会当日をよいムードで迎えられる効果的な方法です。

体育大会への意気込みを語る3年生の作文

一年生、二年生と、これまで二回も経験している私たちでしたが、明日の体育祭を前に、心を一つに大縄を跳ぶのはやはり簡単なことではありませんでした。それでも「一回でも多く跳べるように」と必死に作戦を練りました。一番前でみんなより足を高く上げて跳ぶ人。毎日大きな声ではじめの合図を叫ぶ人。手の皮がめくれるほど縄を回し続ける人。いつしか一生懸命練習するそれぞれの姿が全員の心を一つにしていきました。

明日の本番では声がかれるほどの大きな声で回数を数え、クラス全員が残り一秒まであきらめず跳ぼうと思います。今まさに、クラスが目に見えない絆で結ばれています。

体育大会当日に向けた教師からの板書メッセージ

はじめまして
この一秒ほどの短い言葉に
一生のときめきを感じることがある

ありがとう
この一秒ほどの短い言葉に
人の優しさを感じることがある

がんばって
この一秒ほどの短い言葉で
勇気がよみがえってくることがある

おめでとう
この一秒ほどの短い言葉で
しあわせにあふれることがある

ごめんなさい
この一秒ほどの短い言葉に
人の弱さをみることがある

さようなら
この一秒ほどの短い言葉が
一生の別れになるときがある

一秒に喜び　一秒に泣く
一生懸命一秒
一生懸命コミュニケーション

15 生徒会役員選挙

トークのネタ 生徒会役員選挙の前に

1 話し始める前に

　小学校と中学校の違いはいくつかありますが，生徒会役員選挙もその1つです。社会に出たときのことを考え，本格的に選挙を行う学校もあります。

　1年生ははじめての選挙なので，選挙管理委員会の設置，立候補受付，選挙活動，立会演説会，投票・開票，発表のステップを丁寧に教えることが大切です。その際重要なのが，それぞれの理由や目的を明確にすることです。黒板に生徒会役員選挙の流れを示し，順次説明するとよいでしょう。

　投票のやり方は各校様々なはずですが，重要なのは生徒が1票の重さを感じながら投票することで，そう感じさせるのは担任の役割です。特に1年生は，立候補者を見た目で判断することがよくあります。一人ひとりが生徒会の一員であること，1票を投じることの意味をしっかり伝えましょう。

2 話の献立

- **生徒会組織と生徒会役員選挙**（それぞれの仕組みと役員の重要性について説明する）
- **生徒会役員選挙の流れ**（立候補，選挙運動，立会演説会，投票・開票などの流れを伝える）
- **生徒会の一員としての心構えと態度**（一人ひとりが生徒会を支えていることを自覚させる）

トーク 生徒会役員選挙の前に

　ここのところ，朝の校門やお昼休みに，生徒会役員に立候補する人たちが，「よろしくお願いします」と言っているのを目にしていると思います。小学校でも経験した人がいるかもしれませんが，中学校の生徒会役員選挙は，一般社会並みに本格的です。

まず，小学校とは違うことを認識させます。

　数日後に立会演説会があります。立会演説会を聞く側，つまり君たちの側から言えば，どのような会なのでしょうか？

経験上，立候補者の立場から説明する生徒が多いので，このように「聞く側から」と限定して聞いてみるとよいでしょう。

　そうですね。立候補者の演説をよく聞いて，この学校にとって，大切なことをやろうとしているのかどうかを判断するための会と言ってよいでしょう。では，聞いた結果はどう反映させるのでしょうか？

1票の重みに話を進めるためにこのように聞きます。

　"1票の重み"という言葉を聞いたことがあると思います。場合によっては，わずか1票の差で当落が決まるのです。1票に責任をもちましょう。ところで，我が校では投票は各教室で行いますが，投票を運営するのはだれでしょうか？

　1年生では，選挙管理委員会という組織を知らない生徒が多いことでしょう。よい機会なので，しっかりと教えておきます。

　選挙管理委員の○さん，教えてください。選挙管理委員会の仕事には，どのような仕事があるのですか？

委員に意識をもたせるためにも，こうした質問をします。十分に答えられない委員もいるはずなので，担任が上手に補助してあげましょう。

　選挙管理委員会は，この時期だけに組織される大切な委員会です。もしこの組織がなければ，生徒会役員の選挙ができないわけですから。

1票の重さと同様に選挙管理委員会の価値づけをしておきます。

15 生徒会役員選挙

もしも私が生徒会役員になったら…

1 生徒会役員＝生徒会ではない

　1年生の時点で，まず生徒にしっかりと認識させたいことがあります。それは，「生徒会役員（執行部）＝生徒会」ではなく，生徒会は生徒全員でつくるものであるということです。多くの生徒は，生徒会は生徒会役員のもの，また生徒会役員は雲の上の存在で，自分とは関係ないと思っています。あくまで生徒の代表が生徒会役員（執行部）と呼ばれる立場で活動していることを，板書も交えながらていねいに説明します。

　その際，「もしも私が生徒会役員になったら，この学校の何に重きを置くか。何を改善したいと思うか」をひと言で書かせるとよいでしょう。

2 選挙管理委員が説明する場の設定

　1年生で生徒会役員に立候補する生徒はごくわずかでしょう。学級から立候補する生徒がいれば，当然のことですが，学級全員で応援する体制をつくってあげましょう。

　生徒会役員選挙において活躍させたいのは，選挙管理委員の生徒です。中学校においては，おそらくどの学校においても選挙管理委員会を立ち上げ，生徒の手による生徒会づくりを意識させているはずです。この体制を生かすのは，担任の役割です。

　例えば，学級で選挙管理委員会の仕事や選挙の流れを説明させることは，委員の自覚を高めると同時に，学級に選挙の大切さを伝えるよい機会になります。

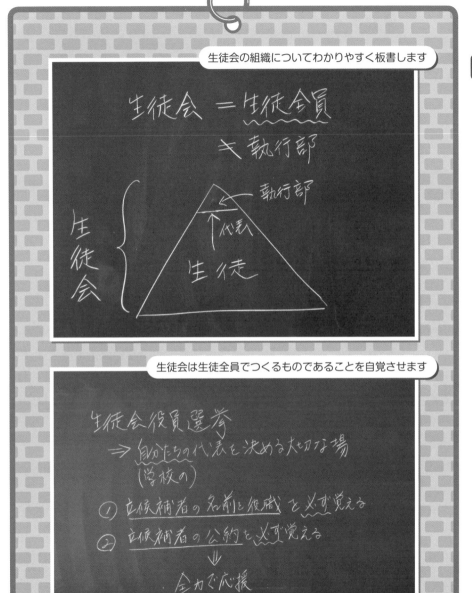

16 美術・書写競技会

トークのネタ 美術・書写競技会の前に

1 話し始める前に

　美術・書写競技会は，全国的に見ると例が少ない行事かもしれません。行われていない学校の先生は，学級担任として美術や書写にかかわっていくときの留意点と読み取ってください。

　中学校は教科担任制のため，自分の担当以外の教科の詳細はなかなかわからないものです。とはいえ，まったく無関心ではいけません。

　美術・書写競技会がある学校においては，あらかじめそれぞれの教科担当から，制作のねらいや作品を評価する観点などについてレクチャーを受けておくとよいでしょう。バックボーンがあってこそ，温かく的確な言葉かけができるものです。この行事がない学校でももちろん同様で，担任が生徒の作品を見て発したひと言は生徒の心に長く残るものです。

2 話の献立

- **美術・書写競技会がある理由**（小学校ではまず耳にしない競技会のため，競技会がある理由を知らせておく）
- **美術・書写作品の見方**（教科担任からレクチャーを受けた内容を簡潔に知らせる）
- **計画的に行うこと**（制作時間に制限があることから，何事も計画的に進めることの大切さを知らせる）

トーク 美術・書写競技会の前に

> 中学校にしかない行事はたくさんありますが，近づいてきた美術・書写競技会も，その1つです。どうしてこのような行事があると思いますか？

このように，教師が説明する前に，一度考える時間を与えてもよいでしょう。こうした経験を積み重ねることで，何事も自ら考えようとする生徒が育っていきます。

> 中学校には文化祭という行事があります。文化祭の中で，皆さんの作品展示をするコーナーもあります。中学校は小学校と違って，作品を教室で展示することはありませんでしたね。特設コーナーをつくって，皆さんのおうちの方にも見てもらおうと思います。その際に体育大会で競技をするように，コーラス大会でコンクールをするように，美術や書写においても競技をして，皆さんがこれまで身に付けてきた力を発揮してもらおうと考えて，このような行事があるのです。

競い合うことの是非については様々な意見があると思いますが，筋道立てて考える力が付いてきている年齢ですから，理由を明確にしておくことが大切です。

> 競技会ですから，時間制限があります。芸術家の中には，作品づくりに時間の制約を設けるなんて考えられないという方もいます。しかし，私は決められた時間内で自分の力を発揮することはとても大切なことだと思います。それは，社会では当たり前のことなのです。

競技会である以上，制作時間は無制限ではないことをしっかり認識させましょう。

> 「寸暇を惜しんで仕事に取り組む」という言葉を聞いたことはありませんか？ 時間を無駄にしないということです。作品づくりの準備は休けい中にテキパキとすることです。1分でも多く作品に向かう時間をとれるようにしましょう。これは学級全体で心がけることです。

担任として，学級が一丸となって競技会に取り組む空気をつくり出してほしいと願っていることを伝えます。

16 美術・書写競技会

専門家にアドバイスをもらおう

1 教科担任にアドバイスを求める

　書写も美術も,「作品をつくる」という点では同じ表現活動です。競技会は全校全クラス一斉に実施されるでしょう。そのとき,担任は自分の学級の生徒を監督することになりますが,担任自身に書道のたしなみがなかったり,美術が苦手だったりする場合,どうすればよいのでしょうか。

　答えは簡単です。専門家（教科担任）に事前にアドバイスをもらえばよいのです。特に,美術では教材によって評価の観点が変わります。あらかじめプリントなどが用意される場合が多いはずです。そのプリントを基に,具体的な指導内容のポイントを確認しておくとよいでしょう。また,彫刻刀やカッター等を使用する作品では,安全指導も必要です。

2 正しい姿勢で美しい字を書く

　ここでは,担任がきちんと指導したい書写の姿勢について述べます。

- ●背筋をまっすぐ伸ばして座り,背もたれに背を預けない。
- ●足の裏は床にきちんと付ける。
- ●筆は立てて使う（親指を筆に対し直角に持たせる）。
- ●腕全体を使って筆を運ぶ。

　作品ができ上がった後,自分の机の周りが汚れていないか確認することなども忘れないように指導します。

17 アンケート 学級組織づくり（後期）

トークのネタ　学級の組織づくりを行う場面で

1 話し始める前に

　1年生も10月を迎えるころには，すっかり中学生らしくなっていることでしょう。年度の後期の学級組織は，いわば中学生らしい学級をつくる最初の機会です。「前期の学級組織を振り返り，学級をより盛り上げるためにどうしたらよいか考えてきてください」などと生徒に事前に予告しておくことが大切です。

　前期はどちらかというと小学生らしさを残す学級だったはずです。自主・自律を目指す中学校ですから，生徒には「君たちが必要だと考える当番や係をつくってほしい」といった担任の願いをしっかりと伝えます。そのために学級の実態を踏まえて，どのような話をしたらよいかを十分に考えておくべきです。少々時間はかかっても，ここが生徒を伸ばす重要な場面だという認識で話をしたいものです。

2 話の献立

- 前期の学級組織の振り返り（当番や係の項目を示して，必要・不必要の観点から考えさせる場面をつくるとよい）
- 後期の学級がより盛り上がるための係や当番活動（学級に何が求められているか，何が欠けているかを考えさせる）
- 心に残っている前期の学級活動（担任として前期の活動を評価する）

> **トーク** 学級の組織づくりを行う場面で

　10月に入ると年度も後期になります。生徒会も学級もそれまでを振り返り，新たな組織をつくる時期です。前期には，いろいろなことがありましたね。他の先生からほめられるうれしいこともたくさんありました。例えば，国語の先生は，「この学級は忘れ物がとても少ないです。それは国語係がきちんと明日の授業について連絡をしていてくれるからです」と言われました。

　学級の組織が機能しているために学級生活を円滑に送ることができていることを，具体的なエピソードで伝えます。

　教育実習生のお別れ会は，だれもが今でもはっきりと覚えていることと思います。とても楽しいゲームを企画してくれました。また，最後にあんなに実習生が泣くなんて，びっくりです。演出のよさですね。レクリエーション係さんのおかげです。

　当番活動だけではなく，学級生活を豊かにする係活動の成果を認める話もしておきましょう。

　さて，後期の学級組織ですが，必ずしも，前期と同じにする必要はありません。前期を振り返って，この係や当番はつくらなくてもよいというものがあれば，後期はなしにすればいいと思います。ただし，「活動できなかったから廃止」ではいけません。この学級をより盛り上げるために必要かどうかを考えたいと思います。

　自主・自律を目指す中学校ですから，こうして生徒に考えさせる場面を意図的につくっていく必要があります。全員参加の話し合いをするためには，係・当番名を黒板に書いておき，「必要…○・不必要…×」などと判断させてもよいでしょう。

　この係は○と×に分かれましたね。意見が分かれたということは話し合う必要があるということです。

　こうした話し合うことを重ねることで，自主・自律精神が養われるものです。時間がかかることですが，粘り強く取り組みたいものです。

17　学級組織づくり（後期）

2章　中学1年の学級づくり　365日の仕事術＆アイデア

17 学級組織づくり(後期)

後期の組織づくりに生きる前期の振り返り

1 前期を振り返る

　後期の学級組織やクラスの方向性を決めるうえでまず大事なのが，前期の振り返りです。

　年度はじめは，入学直後のためあまり時間のない中でいろいろなことを決めていかなければなりませんでした。しかし，後期の場合，生徒たちには前期の経験があります。そこで，生徒たちに前期で経験したことを振り返らせ，必要な仕事や改善すべき仕事，そしてクラスの改善点などを話し合わせてみるとよいでしょう。振り返りをスムーズにできるように，まず担任は，右ページ上の写真のように，黒板に話し合いの流れを示します。

　係活動決めで重要なのが必要な人数の検討です。多数の人員を要する仕事や，少人数でもできる仕事が，振り返りを通してはっきりします。意外と担任は気が付かなかったことなども出てくるものです。

2 担任のサポート

　基本的に話し合いは生徒に任せるとしても，担任による適切なサポートは欠かせません。生徒たちの話が脱線しそうになったら軌道修正させ，よいアイデアが出てこないときは「こういう考えもあるよね」など，上手にサポートしてあげたいものです。

　また，振り返りの観点を示した，右ページ下のようなプリントをあらかじめ配付しておくのも１つの手です。よいところと改善すべきところを事前にあげておけば，議論が深まります。

担任がはじめに話し合いの流れを板書しておきます

> 前期のふりかえりをしよう
> - 係活動について
> - 普段の生活について
> ① 個人で考える 10分
> ② グループで考える 15分
> ③ 全体で話し合い 15分
> ④ 後期の方向性 5〜10分

ふりかえりの観点を示したプリント

【前期ふりかえり】　　班　氏名

前期のふりかえりをしよう！

　このクラスの後半戦をよりよいものにするために，前期の経験を踏まえてこのクラスの「良いところ」と「改善すべきところ」を考えよう。いろいろな場面での学級の様子をふりかえり，できるだけたくさん出そう!!

☆流れ「個人→グループ→学級→後期に向けて」

	良いところ	改善すべきところ
授業		
係活動・委員会活動		

	良いところ	改善すべきところ
掃除・給食・短級		
挨拶・礼儀・言葉使い		

2章　中学1年の学級づくり　365日の仕事術＆アイデア

18 合唱コンクール

トークのネタ　合唱コンクールの前に

1 話し始める前に

　合唱コンクールは，多くの中学校において重要な学校行事の1つでしょう。内容は各校によって異なりますが，準備にそれなりの時間をかけるという点は共通しているのではないでしょうか。

　学級単位で取り組むことの多い合唱では，「我が学級では本番までにこんなドラマがありました」という話がよく聞かれます。生徒の心の動きを激しくし，時には学級内に対立を生み出すこともあります。それだけ合唱コンクールは学級を成長させる重要な行事なのです。

　生徒にはまず，合唱コンクールまでの道のりや流れをしっかり伝えましょう。担任として，学級がどのような姿になることを臨んでいるかをイメージできるように具体的に話します。

2 話の献立

- これまで合唱コンクールで味わってきた学級ドラマ（担任として期待する学級の姿を語る）
- 合唱コンクールまでの道のりや流れ（練習時間は制限されるものであることを伝える）
- 1年生としての合唱コンクール（1年生としてどの程度までできればよいかを示しておく）

トーク 合唱コンクールの前に

> はっきり言って，小学校とはまったくレベルが違うのが，合唱コンクールです。これまで先生は何度も泣いています。

話のつかみとして，担任の体験談から入るとよいでしょう。生徒の話を聞こうとする集中力が一気に高まります。

> 悲しいから泣いたわけではありません。去年も一昨年も，担任した学級は合唱コンクールで優勝できませんでしたが，泣けて泣けてしかたがなかったのです。合唱がうまくならないので，学級でもめたこともありました。指揮者・伴奏者と歌う側に大きな溝ができてしまったこともありました。「雨降って地固まる」という言葉を聞いたことがあると思いますが，みんなが一生懸命だからこそ，学級がもめるのです。もめてもみんなでなんとかしようとするから，さらにまとまるのです。先生はそのようなことを思い出して，本番が終わった後は，いつも泣けてくるのです。

このように熱く語りましょう。心ある生徒は，学級全体が前向きに取り組んでいるイメージをもつことでしょう。

> 今年の学級も，きっと泣くことになると期待しているのです。これまで4月から6か月間，学級としていろいろなことを乗り越えてきたのですからね。歌の嫌いな人がいることもみんなわかっていますね。体育大会では運動が苦手な人がいましたが，「自分がやれることを精一杯できたと思います」という感想を述べてくれましたね。合唱だって同じなのです。

学級全員が常に前向きになっているとは限りません。後ろ向きだったり，尻込みしてしまっている生徒がいることも念頭に置いて話をすることが大切です。

> 本番までの日程を黒板に書いてみます。時間はたっぷりありそうで，実はあまりないのです。私たちの学級がこの時間をどう使うか。ここにも知恵を使ってほしいのです。先生も一緒に知恵を出しますよ。

1年生に練習計画の立案をすべて任せるのは難しいので，ここは担任が積極的にかかわっていくことが大切です。

18 合唱コンクール

合唱交流会で
やる気に火をつけろ！

1 3年生との合唱交流会

　合唱コンクールとはどんなものか。クラスで一丸となって本気で取り組むとはどういうことか。教師がどれだけ語っても，またこれまでの合唱コンクールの様子を映像で見ても，なかなか伝わるものではありません。

　そこで，3年生と合唱交流会を行うことをおすすめします。「百聞は一見に如かず」です。中学校生活最後の合唱コンクールにかける3年生は1，2年生とは思いの強さがまったく別物です。交流会をお願いし，3年生の歌を体感させることが大きな刺激になります。気を付けたいのは「3年生はすごい」と感心して終わってはダメだということです。自分たちはまだまだ足りないからこれからどうするかを考えさせる，担任教師の手腕が問われる局面です。

2 教室掲示の工夫

　合唱コンクールに向けて雰囲気を高めていくために，教室掲示を工夫することも1つの方法です。

　合唱曲の歌詞を書き込んだ模造紙を掲示し，指揮者やパートリーダーを中心に，歌い方の工夫や表現方法など，練習中に気付いたことを書き込みます。書き込んだからすぐに歌えるようになるわけではありませんが，教室内に掲示物があると，自然と歌うときに目にとまったり意識したりするものです。

　また，学級に入ってくださる教科担任の先生が声をかけてくれることがあります。「ああ，こんなものつくったのか。がんばってるね」。こんなふうに言われるだけでも生徒のやる気はぐっと上がります。

18 合唱コンクール
生徒の意欲を持続させる練習のアイデア

1 いろいろな練習のやり方に挑戦

　合唱の練習は，どうしても単調になりがちです。同じようなパート練習や全体合唱では，練習が単調でどうしても飽きてしまいます。担任も合唱指導が必ずしも得意だとは限りません。そんなときは，とにかく練習場所や方法に工夫を凝らすことが大切です。

　例えば，合唱ボランティアの方から専門的な指導を受けるのも1つの手です。また，なかなか声が出ず，自信をもてない生徒が多いときは，武道場などの声が響くところで練習するのがよいでしょう。声が出るようになり，自信過剰になりかけてきたときは，逆に声が届かないグラウンドでやってみて気持ちを引き締めることもできます。「先生が校舎の下にいるから，みんなの歌声が先生まで聞こえたら合格」「がんばっている人の名前を黒板に書いていくぞ」「上級生の教室に行って勝負しよう」など，気持ちを高める言葉をかけ続けると，がんばろうという気持ちも持続し，自然と歌声もよくなります。時には生徒に練習方法を考えさせ，その方法でやらせるのもよいでしょう。

2 最後の1回は常に本番

　いろいろと練習を工夫して行ってきたら，「その日の最後の練習は本番」という雰囲気をつくり，集中して歌わせます。歌声だけではありません。姿勢，表情，眼力など，トータルに意識させます。

　長時間，緊張感をもって練習させるのは難しいものです。ですから，練習はダラダラ長時間行うのではなく，短時間で集中して行うようにします。

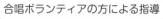
合唱ボランティアの方による指導

全パートそろっての最後の1回は常に本番の雰囲気で！

18 合唱コンクール

18 合唱コンクール

過去の1年生を活動の指標に

1 過去の1年生の作文を読み聞かせる

　合唱コンクールに限らず，行事の前に，過去の1年生の作文を紹介し，作文を通して行事のねらいや担任の思いを知らせるのは有効な方法です。

　また，行事後に「行事前に紹介した過去の1年生の作文を覚えていますね？　行事が終わった今，簡単でよいので，今の思いを書いておきましょう。ひょっとしたら，来年度の1年生の前で紹介されるかもしれません。伝統を受け継ぐというのは，先輩の思いを知って，それを生かすということでもあるのです」といった話をして，書く時間を設けるとよいでしょう。

2 過去の1年生の動画や写真を見せる

　合唱コンクールは，生徒が最も燃える行事の1つです。しかし，必ずしも担任が思い描くように練習が進むわけではなく，合唱自体もなかなか仕上がっていかないことがあります。

　しかし，ここで担任が焦ってしまい，指示的どころか命令的な練習になったりしては台無しです。

　こういった場合も，過去の1年生の動画や写真を見せるとよいでしょう。合唱本番の様子を見せてあらためて目標を意識させたり，練習風景の写真を見せて参考にさせたりするとよいでしょう。

　特に学級リーダーは，こうした情報を前向きに受け取るものです。生徒を信じて，有効な情報を提供しましょう。

行事を通して仲間の大切さに改めて気付いた1年生の作文

仲間。それは一緒にいるだけで楽しく、元気にしてくれる存在だと思っていました。しかし、行事を通して、新たな視点に気付きました。

その視点とは、「自分を高めてくれる仲間」の存在です。僕にもたくさんの欠点があります。自分から進んで行動できなかったり、考えることができなかったり、先生に怒られても何度も何度も失敗していたりすることがあります。そんな時、失敗してもこうとする、がんばる仲間の姿をたくさん見てきました。そんな仲間を見たときに、うらやましいと思う自分がいたり、恥ずかしいと思う自分がいました。ですが、この一年で、失敗しても試行錯誤を繰り返す勇気をもつことをその仲間から教えてもらいました。なかでも、文化祭や合唱コンクールなどの行事には、いつも仲間に挑戦しようとする姿がありました。だからこそできた行事で得られた達成感は、何とも言えないものになりました。そんな仲間がいるからこそ、この一年で築いた仲間との信頼関係は欠かせないものだと思います。

合唱練習は生徒が主体になって

19 保護者面談

トークのネタ 保護者面談の前，生徒に

1 話し始める前に

　保護者面談の前は，担任が一番落ち着かないものです。しかし，1年生にとっても，担任の先生がどんな話をするのだろうかと心配なものです。

　保護者面談に生徒を同席させて，いわゆる三者面談としている学校もありますが，ここでは保護者と担任の二者面談を想定して話を進めます。

　保護者面談の前には，生徒に面談の目的を伝えておくことが大切です。家庭での保護者との会話が違ってくるからです。「1年生のこの時期だからこそ，このような話をするのです」という伝え方をすると生徒も納得しやすいはずです。保護者に話すことを板書で示してもよいでしょう。

　また全員に確認するのは難しいことですが，気になる生徒には面談後に保護者からどのようなことを言われたかを聞くのもよいでしょう。今後の指導に役立つ情報が得られることがよくあります。

2 話の献立

- **保護者面談がある理由**（担任と保護者の秘密会議ではないことを押さえておく）
- **保護者面談で話す主な項目**（どのようなことを保護者と話すかを明確にしておく）
- **家庭での事前事後の会話について**（家庭での会話を大切にさせたい）

トーク 保護者面談の前，生徒に

　もうすぐ保護者面談がありますね。学校によっては，君たちにも一緒に座ってもらって，先生の話を聞いてもらうところもありますが，本校は私とおうちの方だけで面談を行います。

まずは面談の形式をしっかりと伝えておくことが大切です。保護者も子どもが同席するのかどうかわかっていない場合があるからです。

　保護者面談を行う理由はわかりますか？　ある人が「先生と親との秘密会議」と言っていましたが，決してそのような趣旨の面談ではありません。面談後にぜひ私がどのようなことを話したのかをおうちの方に聞いてほしいと思います。

保護者面談後には，家庭で担任が話したことを話題にして会話をしてほしいことを話しておきます。

　保護者面談では，はじめに4月からこれまでの君たちの教室での様子を話します。がんばっている事柄をしっかり伝えたいと思います。次に，授業での様子と成績について話します。授業についても同じで，努力している点を伝えます。大きくはこの2つです。

話す項目は黒板などに書きながら伝えるようにします。家庭で生徒が保護者から面談の内容を聞き取るときの参考になるからです。

　もちろん，これだけでは話は終わりません。あとはどのようなことを話すと思いますか？

ときにはこうして予想させるとよいでしょう。生徒の集中力を高めるためです。

　予想できましたか？　○○さん，どうですか？　そうですね。よい機会ですので，君たちの家庭での様子をお聞きしたいと思っています。先生がこのように言っていたことを，おうちの方にしっかり伝えておいてください。

保護者面談は双方向で行うことを，このように表現して確認しておきましょう。

19 保護者面談
保護者が安心できる雰囲気づくりの工夫

1 温かく迎える雰囲気づくり

　中学校に入学してはじめての保護者面談。特に家庭訪問が行われない学校では，保護者と担任が共有する情報は限られたものです。担任が緊張するのと同様に保護者も緊張して来校されます。生徒が学校に慣れることが一番であるのと同じように，保護者にも学校に慣れ，今後も気軽に来校していただけるように案内を工夫するなど，まずは温かく迎える雰囲気づくりを心がけたいものです。

　生徒の学校での様子をとらえた写真や生徒がつくった作品を展示すれば，我が子が楽しく学校生活を送っていることを実感し，安心していただけるはずです。

2 担任は聞き役に

　はじめての保護者面談で，担任は保護者の話を聞くことを第一に考えましょう。生徒の家での様子や家庭環境，習い事や通塾，小学校での様子などを保護者の立場から話していただきます。たくさん話をすることで，すっきりして帰っていただきましょう。

　中には話をすることが苦手な保護者もいらっしゃいます。そういった場合は，事前に調べたことから話題を提供します。そのためには，個人カルテをつくっておくことが欠かせません。ただし，その場でのメモは避け，保護者の顔をしっかり見て，うなずきながら話を聞き，終了後忘れないうちに記録しておきましょう。

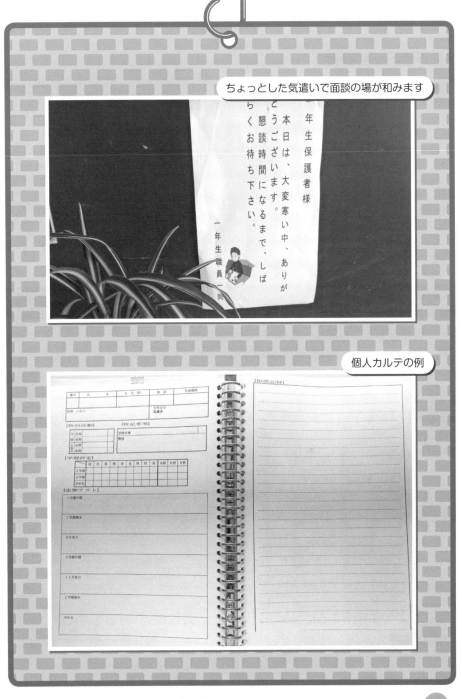

ちょっとした気遣いで面談の場が和みます

個人カルテの例

2学期の通知表

❶ 2学期の通知表作成のポイント

　2学期は行事が目白押しなので，所見のネタは尽きないでしょう。しかし，あれもこれも書こうとすると，表層的な所見になってしまいます。1つの行事に絞り，そこでの生徒のすばらしい姿を具体的に述べた方がよいでしょう。学習状況は1学期からの変化を述べることを心がけ，努力した点を強調するとよいでしょう。

❷ 2学期の通知表所見の文例

❶自己の責任をしっかり果たそうとした生徒

> 　学級や学年の仲間のために一生懸命活動できた2学期でした。コーラス大会では，練習にしっかり取り組むだけでなく，室長として，学級で決めた4つの約束を守るために積極的に呼びかけることができました。

　学級役員の立場である生徒は，学級や学年のために努力する姿をよく目にすることができると思います。保護者が所見を読み，その姿が具体的にイメージできるように表現するとよいでしょう。

❷行事を通して成長できた生徒

> 　合唱コンクールでは，練習を重ねるごとに歌声が大きくなり，表情もよくなっていきました。練習過程では涙を流したこともありましたが，そこから逃げずに仲間と一緒に練習し，心も成長させることができました。

　このように表記すると，保護者は生徒に涙を流した理由を聞くでしょう。理由を聞きながら，我が子の成長に改めて喜びを感じるに違いありません。家庭での温かい会話を促す所見は，親子ともども記憶に残ることでしょう。

❸部活動に燃え始めた生徒

　部活動に１日も欠席することなく参加しました。部活動がない日にも，卓球ができる場所を見つけて，仲間と練習することができました。部活動を通して，技術を向上させるだけでなく，心も強くすることができています。

　２学期に入り，部活動に熱中し始める生徒も多くいます。各顧問から情報収集をし，中学校生活で大きなウエイトを占める部活動でのがんばりを保護者に伝えたいものです。

❹学習，生活面でゆるみが出てきた生徒

　学習面では，中間テストの反省を生かし，期末テストでは期限を守って課題を提出することができました。生活面では，今後，仲間に優しく，自分には厳しく生活できることを心から期待しています。

　後半の所見のように，どのような姿になるべきかを明言することも大切です。通知表を手渡す際に，担任として願っている姿をより具体的に話しておくとよいでしょう。

❺学校を休みがちだった生徒

　２学期後半から欠席することが多くなり，残念でした。自分の行動や友だちとの接し方を考え，実行できる力はもっています。３学期には，大きな声で明るく笑う○さんに会えることを楽しみにしています。

　生徒のよい面を学校で見せてほしいという願いが込められた所見です。通知表は，どの家庭も大切に長く保管しています。長年経ったときに読み返す場合のことも考え，生徒のプラス面が伝わるようにしましょう。

20 冬休み

トークのネタ 冬休みの前に

1 話し始める前に

　冬休みは2週間という短い休みですが，クリスマスや正月など生徒にとって楽しい行事が続きます。家族や親戚，地域の人と接する機会も多いので，家族や地域の一員として行事等にかかわることの大切さを伝えましょう。そして，そのかかわりの中から新年に向けての具体的な目標を見つけさせます。
　具体的に指導すべきことも多くあります。特に生活のリズムが崩れがちであるため，部活動や補習等に積極的に参加し，授業日と同様の生活をさせることが大切です。また，交友範囲や活動範囲も徐々に広がってきています。家庭外でのトラブルに対する指導もきめ細かく具体的に行う必要があります。特に，スマートフォンや携帯電話にかかわる指導は重要です。プレゼントで，はじめて手にする生徒もいることを念頭に置いて話をしましょう。

2 話の献立

- 冬休み中の地域や家庭での行事（意義を伝える）
- 新しい年を迎えるにあたっての心構え（具体的な目標をもつことの大切さを伝える）
- 冬休みの行事や部活動の予定（見通しをもたせる）
- 休み中の生活（授業日と同じような生活リズムをつくること，交友のあり方について強調する）

トーク 冬休みの前に

　来週から冬休みになります。冬休みには，クリスマスやお正月などの楽しい行事が続きます。皆さんの家庭や地域でも様々な行事が行われると思いますが，どのようなものがありますか？

　初詣や除夜の鐘などはどの生徒でも知っている行事です。発言がないようであれば，例を示します。地域によっては，独特の行事を行っている地域もありますので，下調べをすることも大切です。行事名があがってきたら，なぜその行事を行うのか理由を考えさせ，積極的にかかわろうとする気持ちを高めます。

　特に，新年を迎えるというのは大切な行事ですが，どのような気持ちで新年を迎えるとよいでしょうか？

　多くの生徒が，「新しい気持ちでがんばろうと思う」「新しい夢や目標をもちたい」などと答えるでしょう。しかし，まずは1年間の自分の活動を振り返り，見つめ直させます。具体的な目標を考えることは，この時間中ではなく，休み中の課題とすればよいでしょう。夢はより大きく，目標はより具体的である方がよいことも伝えます。

　冬休みの生活を充実したものにするために，大切なことが2つあります。1つめは，学校がある日と同じ生活リズムを守ること。そして，2つめは犯罪やトラブルに巻き込まれないように，不要な外出や見知らぬ人との交流を避けることです。

　生活のリズムを意識させるために，何時に起きるか，食事はいつとるのか，就寝は何時なのかを具体的にイメージさせます。簡単な日課表をつくらせるのも1つの方法です。特に，部活動や補習は生活の中で大きな比重を占めます。それらを中心に生活を組み立てさせましょう。

　2つめのポイントについては，直接命にかかわることでもあります。今まで実際にあった出来事を1つか2つ語り，現実的な問題として危機感をもたせるようにしましょう。

20 冬休み

家族の一員宣言をしよう！

1 家庭の一員宣言

　冬休みは，大掃除や伝統的なお正月の行事など，生徒たちが家庭の一員として過ごす大切な時間が少なくありません。

　担任が家庭を変容させることはできません。しかし，家族との関係を見つめ直す機会を設けることで生徒を変容させるのは可能です。そこで，冬休みを迎える前に，生徒一人ひとりに「家族の一員宣言」をさせてみてはどうでしょうか。

　短冊に家庭でどのような仕事をしているか，あるいはしようとしているかを簡単に書かせ，しばらく教室に掲示するのです。他の生徒の短冊を見て，「なるほど，こういう仕事もあるのか」と認識を新たにする生徒もいることでしょう。

2 「お母さんの請求書」を考える

　上記に関連して，お母さんの立場になって自分の世話代がいくらになるかを考えさせるのもよいでしょう。

　「もし，あなたがお母さん（父子家庭の生徒はお父さん）だったら，あなたの身の回りの世話代として，どれぐらいの金額を請求しようと思うか考えてみましょう」と生徒に問います。

　請求額の内訳まで書かせてみると，生徒と保護者が日ごろどのようなかかわり方をしているのかまで見えてきて，担任が生徒を理解するうえでもよい資料になります。

家族の一員としてどんな仕事をするのか簡単に書かせます

私（　　　）の家族宣言

★ 家族の一員として、次のことをします ★

あなたがお母さんなら，いくら請求する？

日ごろ，お母さんがやっている仕事について考えてみましょう。あなたがお母さんなら，いくら請求（1か月分）しますか？		
請求項目	請求額（円）	総額（円）
朝起こし代金(起きるまで何度も声かけ)	60	60
朝食代（片づけも含む）	3000	3060
	合計金額	円

21 3学期始業式

トークのネタ 3学期始業式の日に

1 話し始める前に

　年が明け，新しい目標や希望をもって登校する3学期始業式の日。この日は，ほとんどの生徒が前向きな気持ちになっています。そのすばらしい気持ちを認め，具体的な行動へとつなげていくのが，担任の最も大きな役割です。個人の希望や目標を学級づくりへの意欲に高めていきましょう。

　まず，生徒個々の目標を発表させてみます。言葉に出すことで責任が生じます。時間がなければ，教室に掲示してある学級目標を確認するだけでも効果は十分です。

　次に大切なのは，3学期の行事予定を確認する中で，卒業式へ向けた行事の中で2年生をサポートする重要な立場にあることに気付かせることです。自分たちも来年度は"先輩"と呼ばれ，学校を動かしていく立場になることを自覚させましょう。3学期が，"2年0学期"と呼ばれる理由がここにあります。

2 話の献立

- 新年を迎えての夢や希望（自分の目標に責任をもたせる）
- 学級目標の確認（自分の目標を学級の目標につなげる）
- 3学期の行事の予定（見通しをもたせ，"先輩"と呼ばれる立場になることを自覚させる）

トーク 3学期始業式の日に

> 新しい年になり，今日から3学期が始まります。皆さんはどのような目標を立てましたか？　発表してもらいましょう。

時間が許す限り，一人ずつ丁寧に聞いていきます。生徒が発言した後は，「いい目標だね」「きっと実現できるよ」といった前向きな言葉かけで認めていくことを忘れないようにしましょう。時間がないときはカードに書かせ，数名に発表させます。大切なことは，目標達成に向けて学級全員で支え合っていこうという気持ちにさせることです。

> みなさん一人ひとりの目標を達成するためには，学級全員で支え合うことが必要です。この学級にも学級目標がありましたね。
> （確認後）みなさん個々の目標の達成は，この学級目標の達成に結び付いています。

1学期につくった学級目標をここで確認します。掲示物があれば，それを見せると効果的です。先に発表した生徒個々の目標が，学級目標のどの部分に結び付いているのかを具体的に説明します。そのうえで，個々の目標の達成が，学級目標の達成に結び付いていることを自覚させます。

> 3学期は卒業式に向けての様々な行事が予定されています。2年生は，送る立場の中心学年として取り組みを進めます。みなさんは，1年生としてどのような気持ちでこうした行事に臨みますか？

3学期の行事予定を見ながら，卒業式関係の行事が多いことを意識させます。今までは，先輩たちから面倒を見てもらうだけであった立場から，2年生とともにつくり上げる立場になることを確認します。

> みなさんは4月から"先輩"と呼ばれる立場になります。そのための力を蓄えるのがこの3学期です。行事だけでなく，学習や部活動でも"先輩"と呼ばれるにふさわしい行動をしましょう。

まず自分の行動に責任をもち，さらに学級や学年，学校のことを考えて行動できるようになってほしいことを伝えます。

21 3学期始業式
サイコロ・トークを楽しもう！

1 グループでサイコロ・トーク

　ゲストを招いてトークを楽しむテレビ番組を模したアイデアで，3学期始業式後の学級の時間に，1，2学期を振り返ったり，あと2か月のことを考えたりする活動です。サイコロを班（1班は4～6人）に1つ用意します。順番にサイコロを振り，出た目のテーマでグループの人に話をします。話のテーマは次のようなことが考えられます。

> 1の目……残り2か月，こんな学級になるといいな
> 2の目……今年のお正月に見たテレビ番組
> 3の目……私の冬休み中の出来事
> 4の目……私が今年やってみたいこと
> 5の目……1，2学期の忘れてはいけない出来事
> 6の目……テーマはご自由に決めてください

2 教師もサイコロ・トークに参加

　教師がサイコロ・トークに参加するとより盛り上がります。6つのテーマを生徒から募集したうえで，教師がサイコロを振り，出た目のテーマについて話をします。自分が出したテーマの話を聞きたいために，1回だけで終わらせず，2回，3回とサイコロを振ることを要望する生徒も多いので，1回の話を簡潔にして，生徒の期待に応えたいものです。

班でトークを楽しもう！

生徒から教師にリクエストされたサイコロ・トークのテーマの実例

- 教師になったわけ
- 先生の初恋
- 先生の給料
- 先生の奥さんや子どものこと
- 先生が休みにやっていること
- 中学校のときの成績
- プロポーズの言葉
- 新婚旅行のときのこと
- これまでで一番大変だったこと
- めちゃくちゃしかられたときのこと

21 3学期始業式

22 学年末テスト

トークのネタ　学年末テストの前に

1 話し始める前に

　「終わりよければすべてよし」「有終の美」という言葉があるように，締めくくりがよいと，次の活動にもスムーズに移行していくことができます。

　学校や地域によって出題内容に違いはありますが，学年末の定期テストも，1年間の学習の総決算的な，年度を締めくくるための重要な存在です。

　「学習の総決算」には，学習内容の定着度を確認するという意味だけでなく，テストの日までの取り組み姿勢をはかるという意味も含まれます。つまり，中学生として，自主的に学習計画を立て，前向きに努力する姿勢が身に付いたかどうかが問われるということです。

　担任は，最後の定期テストに向けたこの取り組みこそが，2年生になってからの学習につながっていくということを強調する必要があります。自分自身の経験談やこれまでの生徒のエピソードなどを交えて話をすると，生徒もイメージしやすいでしょう。

2 話の献立

- 学年末の定期テストの意味（締めくくりの大切さを意識させる）
- 学習の総決算（学習内容の定着度と学習に取り組む姿勢の2つが問われる）
- テスト勉強の方法（自主的に計画を立て，進んで取り組む姿勢を強調）

トーク　学年末テストの前に

> いよいよ明日から1年生最後の定期テスト週間に入ります。どんな気持ちで取り組もうと考えていますか？

「最後のテストを最高の形で終わりたい」と生徒の気持ち高めるために，「1年間で最もよい成績をあげたい」「最高の順位を出したい」といった前向きな発言を評価します。発言の有無にかかわらず，どの生徒の心の中にも「最後も」「最後こそは」といった気持ちが必ずあります。こうしたやりとりを通して，学年末テストでの重要性を認識させます。

> 今回の定期テストは，1年間の学習を締めくくる大切なものです。3学期のテストであると同時に，1年間の学習の成果を確認するテストでもあるのです。
> さて，点数で結果を出すことも大切ですが，もう1つ大切なことがあります。それは学習に取り組む姿勢です。自分から計画を立て，前向きに学習に取り組むという姿勢を，この1年間で身に付けることができたでしょうか？
> そういったことを確かめるテストでもあるのです。

生徒はテストの結果だけにどうしても目が行きがちですが，そこに至るまでの取り組み姿勢が大切であることを確認します。特に，「やらされている学習」ではなく「自ら進んで取り組む学習」になっているかどうかを確認しましょう。1年間の最後のテスト週間に前向きな姿勢で臨むことが，2年生になってからの学習につながっていきます。

> まずは学習計画を立てることから始めます。無理なく自分のペースで学習が進むよう計画表をつくってみましょう。そして大事なのは，何を学習するかです。苦手な分野には時間をかけ，しっかりと克服して来年度に持ち越さないような学習を進めましょう。

生徒自身に学習計画表を作成させると，学習に対する意欲は向上します。ここで大切なのは，現実的で無理のない計画を立てさせるということです。時間は限られているので，何を学習するのかを具体的に記させる必要があります。

22 学年末テスト

万全の学習計画で学年末テストを乗り切ろう!

1 テスト範囲と成績のつけ方

　冬休みが終わって約1か月後にやってくる学年末テスト。学校や地域にもよりますが,1,2学期の学習内容もテストに含まれる場合は,これまでの定期テストよりもかなり広い範囲から出題されることになります。

　合わせて,3学期の成績のつけ方もここで押さえておきます。学年末テストだけで3学期の成績がつくわけではなく,1年間すべてのテストが加味されることなどをていねいに説明します。

2 学習計画は早めに

　さて,1,2学期の学習内容も含まれる広範な出題となると,何より大切なのがテストに向けた学習計画です。これまでの定期テストと同じように1週間で十分な対策をとるのは難しく,少なくとも2週間前からの計画を練る必要があります。こういったことも踏まえると,テストに向けた学習計画は3学期が始まったらすぐに立てさせる必要があります。

3 2年後の高校入試を意識して

　出題範囲が広く一夜漬け的な取り組みでは歯が立たないという意味で,学年末テストは高校入試と似ています。ということは,しっかりと学習計画を立て,反復練習を繰り返して知識を定着させていくという勉強法をここで身に付けさせれば,2年後の高校入試に向けた取り組みにおいて大きなアドバンテージになります。

計画的かつ意欲的にテスト勉強に取り組めるワークシート

計画通りに学習を進められた生徒に贈る賞状

23 卒業生を送る会

トークのネタ　卒業生を送る会の前に

1 話し始める前に

　生徒会が主体となり，卒業生に感謝の気持ちを伝える感動的な行事が，卒業生を送る会です。「感謝」というキーワードがこの行事の大きな特徴です。
　したがって，1年間，どんな場面で3年生のお世話になったかを思い出し，1年生が行う劇や歌，メッセージなどに卒業生に対する感謝の気持ちを込めさせたいものです。
　会の企画・運営の中心は2年生で，1年生は主にそのバックアップをします。そこで，2年生の動きにも注目させます。次の年度には，自分たちが同じことを行うのだということをしっかりと自覚させるためです。
　また，送られる側の3年生の表情や言葉にも注目させます。3年生が見せる笑顔や涙を通して，「おもてなし」の心をもち，卒業生のために感謝の気持ちを伝えることが，卒業生から在校生への感謝の気持ちを生むということを実感させるためです。

2 話の献立

- 卒業生を送る会に臨む姿勢（感謝の気持ちをもって臨む姿勢）
- 2年生の動きに注目（来年度の自分たちの姿を重ね合わせる）
- 3年生の表情や言葉に注目（人を喜ばせることから生まれる感謝の気持ちを実感させる）

トーク 卒業生を送る会の前に

> 今日の午後には卒業生を送る会が行われます。みなさんは，卒業生である3年生にどんな場面でお世話になりましたか？

もっともかかわりが大きかった部活動をあげる生徒が多いことが予想されます。その答えが返ってきたら，どんなことを教えてもらったかを聞きましょう。他の場面をあげた生徒の場合も同様です。具体的な場面を想起させ，感謝の気持ちを高めます。

> 今日の送る会で，1年生は劇や合唱で感謝の気持ちを伝えます。どんな取り組み方をすると感謝の気持ちが伝わるでしょうか？

ここでも具体的に考えさせます。劇や合唱などで「大きな声を出す」「恥ずかしがらない」「堂々と演技する」「気持ちを込める」などといった意見が出るでしょう。すべては，卒業生に喜んでもらうためであることを最後に強調しましょう。

> 自分たちの出番がないときには，2つのことに注目しながら出し物を見てください。1つは2年生の動きです。準備や片づけの様子，司会や進行の仕方，生徒会の人の動きなどです。来年度は自分たちが，同じことをするのだという自覚をもって見るようにしましょう。

出し物を楽しむことも大切ですが，会を盛り上げるために努力をする2年生の姿を意識させ，来年度への意識を高めます。

> もう1つは，卒業生の表情や言葉です。先輩たちがどんな表情で出し物を見ているかを目に焼きつけておきます。また，どんな言葉をみなさんに投げかけてくれたかをしっかりと記憶に留めておきましょう。

卒業生の楽しそうな笑顔や別れを惜しむ涙，そして後輩への感謝の言葉をしっかり受け止めることで，人のために尽くすことのすばらしさと充実感を味わうことができます。卒業生からのお礼の合唱やメッセージ，退場の場面が，1年生にとってはそれを実感するよいタイミングとなることを伝えておきます。

23 卒業おめでとう 卒業生を送る会

感謝の気持ちを伝える掲示物

1 送られる側の気持ちを想像させる

　卒業生を送る会は，これまで学校のために尽力し，お世話をしてくれた3年生に感謝の気持ちを伝えるための会です。1年生も感謝の気持ちはもっていますが，劇や歌の練習などでは照れくささが出て，「声が小さい」「心がこもっていない」と注意しなければいけない場面もあるはずです。

　そんなときは，感謝の気持ちを伝えるという送る側の目的だけでなく，3年生がどんな気持ちで送る会に臨んでいるのか，さらには，自分たちが2年後にどんなふうに送り出されたいかを想像させます。送られる側の気持ちを考えられれば，取り組みにも必ず変化が表れます。

2 感謝の気持ちを掲示物に

　劇や歌などの出し物の他に，右ページ下の写真のような掲示物を作成することもおすすめです。

　小さな紙を学級の人数分準備し，一人1枚，3年生への感謝や憧れの気持ちを書かせます。それを学級で決めたコンセプトに合わせて，1枚の模造紙に貼っていけば完成です。

　それを卒業生を送る会の前日までは3年生の教室や廊下に掲示してもらい，当日は会場や入り口付近に掲示します。掲示物を見た3年生からは自然と笑顔がこぼれます。感謝の気持ちが目に見える形で伝わり，卒業生を送る会にも彩りを添えてくれます。

23 卒業生を送る会

前年の記録で
行事のイメージを高めよう

1 映像や画像を生かす

　多くの学校では，卒業生を送る会だけでなく，大きな学校行事の記録は，映像や画像で残していることでしょう。ひと昔前と比べると，デジタルの記録保存量は比べものにならないほど多いはずです。こういったデジタルの記録には，使いたいときにすぐに使えるという利点もあります。学校のサーバやDVDの中にデータを眠らせておくのではなく，行事の指導に積極的に活用しましょう。

　例えば，昨年の学校ホームページの記事を教室で見せながら，卒業生を送る会がもつ意味や1年生としてのかかわり方を指導すれば，生徒も具体的なイメージをもつことができます。このようにして，卒業生を送る会を成功させるには，1，2年生のがんばりがなくてはならないことをしっかりと伝えます。

2 教師の語りを生かす

　卒業生を送る会の記録はそのほかにも様々なものがあるはずですが，当日に教師（特に3年の学年主任）が語ったことは，会がもつ意味を生徒に伝えるうえで有効です。

　「卒業生を送り出す3年の先生方の思いには特別なものがあるよ」などと伝えてから，昨年の行事で語られた内容を紹介してみるとよいでしょう。

> 前年の記録を行事指導に活用します（写真は学校ホームページ記事）

1年生　巣立ちの会に向けての係会が始まりました

　巣立ちの会に向けて、係会が始まりました。スライドを作成する係、スライドのナレーションをする係、教室の飾り付けをする係になった生徒と実行委員は、それぞれ分かれて話し合いをしました。その他の生徒は、**巣立ちの会**で使う１年間のふり返り・来年への決意などの作文を書きました。

> ３年の学年主任から１，２年の生徒に送られた言葉

　３年生のために，このようにすばらしい「巣立ちの会」を開催してくれてありがとう。

　１，２年生からすると，３年生は時には生意気で勝手なことをしていたかもしれません。ごめんなさいね。

　でも，先生にとっては，大切な302名です。

　愛しくて，かわいくて，しかたがないのです。

　３年生は，あと４日で卒業式を迎えます。

　卒業式は，"これで終わりだよ"という式ではありません。

　"さあ，これからスタートだよ"という式だと思っています。

　彼らのよきスタートとなる式に，ぜひともしてやりたいのです。

　１，２年生のみなさん，よろしくお願いします。

24 進路学習

トークのネタ 2年先を見据えて

1 話し始める前に

　3年生は，1月ごろから進学や就職のための出願や試験に出かけることが多くなり，1年生もそうした動きを目にする機会が増えてきます。そこで，この機会を逸することなく，自分たちの2年後の姿を想像させ，進路についてしっかりと意識させたいものです。

　1年生には，今3年生が何をしているかまったくわからない状態です。そこで，3年生の出願や試験の日をとらえて，具体的に結果が出るまでの道のりや日程等を説明します。また，その日の動きだけではなく，そこに至るまでの個人面談や体験入学，入学説明会などに触れておくことも重要です。進路決定は，短時間で簡単にできるものではなくて，様々な体験や話し合いを経て行われていることを知らせるとともに，1年生のこの時期から進路選択は始まっているということを自覚させましょう。そして，出願や試験に出かける3年生の表情にも注目させましょう。その真剣さが1年生に刺激を与えます。そのうえで，1年生のこの時期に何ができるかを考えさせます。

2 話の献立

- 3年生の進路関係行事の確認（3年生が何をしているのかを伝える）
- これまでの3年生の取り組み（進路選択の経緯を伝える）
- 1年生にできること（進路に関する学習の重要性に気付かせる）

トーク 2年先を見据えて

> 今日，多くの3年生が自転車で出かけて行きましたが，何をしに行ったのかわかりますか？

3学期に入ると，3年生は出願，試験などのために外へ出かける機会が多くなります。そうした日をとらえて，3年生の行動について説明をします。それらが自分の進路を決定する大切な行動であることも触れておきましょう。

> 出願（試験）に向かう3年生の表情を見ましたか？ 皆，真剣そのものです。緊張感がありますね。実は，この日を迎えるまでに，体験入学や入試説明会への参加，個人面談など，様々な取り組みを行ってきているのです。自分に合った進路を決めるまでには，何度も何度も迷い，膨大な時間がかかるのです。

3年生の緊張した姿を思い出させ，2年後の自分を想像させます。そして，この2年間にどんな取り組みが行われるのかを嚙み砕きながら話をしましょう。内容だけでなく，目的をしっかり押さえることが大事です。
　そして，その2年間には多くの迷いがあり，保護者や先生と何度も話し合いを重ね，自分に合った進路を選択してきたということを伝えます。ここでも担任自身の経験を交えて話をすると説得力が増します。

> では，この1年生の3学期から，どんなことに取り組んでいくとよいでしょうか？ どんなことができるか考えてみましょう。

生徒に問題提起をしましょう。進路については，具体的な知識がほとんどない時期なので，困ってしまう生徒が多いことが予想されます。「自分の生活や特徴を知る」「高等学校の名前や特徴を知る」「親と将来のことについて話し合う」「身近な人にどのようにして進路を決めたかを聞く」「自分の将来の夢を具体的に考える」などといった答えを想定しておくとよいでしょう。
　そして，それらの答えを踏まえ，進路に関する適正検査や授業で行う進路学習等が，2年後の姿に結び付く大切なものであるということを意識させていきましょう。

24 進路学習
進路への意識を高める環境づくり

1 先輩たちは今

　同じ学校で生活をしていても，生徒は他学年の動きをあまり知らないものです。3学期に入ると，何となく先輩が受験に行っているなと感じるぐらいで，具体的に3年生がどのような動きをしているのか理解していません。

　そこで，短学活などの時間を用いて，進路通信を紹介したり，3年生を受け持ったときの資料を用いたりして，3年生の現状について説明します。大切なことは，2年後の自分がどんな状況になっているのかを生徒がイメージしやすいように，具体的に説明することです。「3年生の1年間」などと題して，進路のことを中心にまとめた教室掲示を行うのもよいでしょう。

　そして，自分が中学校に来る理由や高校に行く理由など，進路とは何かについて考える機会を設け，自分の考えやすべきことを具体的に書かせてみるとよいでしょう。

2 進路選択の第一歩

　進路というと，多くの生徒は進学のこととととらえていますが，進学指導が進路指導のすべてではありません。まずは自分の興味があることは何なのかを考えることが，進路選択の第一歩になります。

　ただし，中学生であっても，将来の夢を即答できる生徒は多くないという理解も必要です。それでも，2年後には何らかの進路選択をすることになるので，そのことを常に意識させながら，学校生活が送れるようにしていきたいものです。

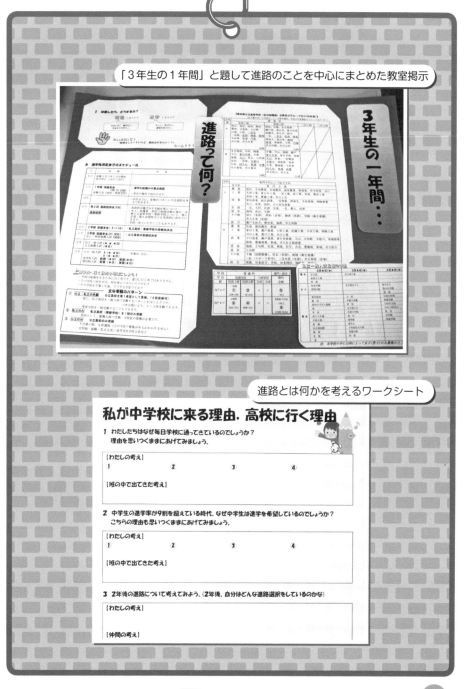

24 進路学習

2年後の自分への手紙

1 2年後の自分をイメージする

　3年生に兄・姉がいる生徒は進路への関心もある程度ありますが，大部分の生徒の意識はまだ漠然としています。

　自分の進路について早めに考え，先輩の進路から学ぶことはとても大切です。そこで，自分の進路について考える学級活動として，「2年後の自分に向けて手紙を書こう！」と題し，2年後にどんな自分になっていたいのかをワークシートに書かせます。次に，それをグループで発表し合い，他の意見に触れさせます。受験について書く生徒もいれば，人間的に成長した自分像を書く生徒もいるので，生徒同士で刺激を受けます。その後，全体で発表させ，自分の将来像について改めて考えさせます。

2 受験当日の先輩の様子を伝える

　だれもが通る受験について，1年生のうちから考えさせることには大変意義があります。受験当日の朝，受験に向かう生徒に激励の声をかけたりする中で様子を観察し，自分のクラスの生徒にこう語りかけます。

　「今日，先輩が受験をするために出発しました。どの先輩も『今まで努力してきたことを出すぞ！』『全力を尽くすぞ！』という表情でした。2年後，君たちは先輩のようになっていなければなりません。今までの生活を振り返ってみて，果たして君たちはそうなれると言えるでしょうか？　先生は，2年後，あんな表情をした君たちを送り出したい。信じている」

　熱く熱く語りかけましょう。

「2年後の自分への手紙」のワークシート

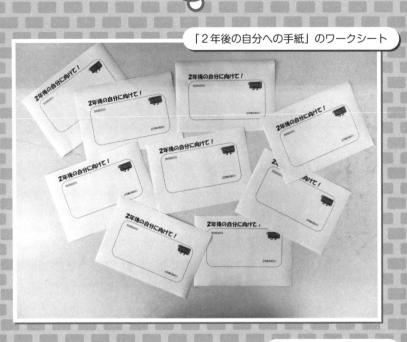

生徒が書いた手紙の内容

2年後の自分に向けて！

<u>今の自分から</u>

2年後、僕は、どうなっているか想像がつきません。3年生なので部活でレギュラーになれていたらいいなあと思います。受験生でもあるので勉強にも力を入れている自分であってほしいです。そうなるためにこれからがんばっていくのでよろしく！

<u>2年後の自分へ</u>

24 進路学習

25 修了式

トークのネタ 修了式の日に

1 話し始める前に

　修了式の日は，学級のメンバーで集まる最後の日です。様々な思い出をつくってきた仲間との別れの日。まずは，１年間の学級の成長，生徒の成長を確かめ合いましょう。行事での活躍，授業でのがんばり，生活面での様々な出来事などを思い出しながら，お互いの成長を確かめ合うと同時に認め合うことです。

　そして，４月に立てた学級目標が達成できたかどうかについて話し合いをします。生徒自身の思いを表現させましょう。別れの雰囲気の中で，生徒は素直な表現をしてくれるはずです。

　最後に，担任の口から，この１年間の学級や生徒たちに対する思いを熱く語りましょう。例えば，「感謝」というキーワードで，自分たちが成長してきた学級に感謝し，新しい学級でも周囲に感謝する心をもって行動できる生徒になってほしいというメッセージを伝えることなどが考えられます。

　あなたの最後の言葉を，生徒は愛情と期待をもって待っています。

2 話の献立

- １年間にどのようなことがあったか（１年間の学級の成長の確認）
- 学級目標は達成できたか（学級としての成長の評価）
- 思いを語る（「感謝」することを中心に担任としての思いを）

トーク 修了式の日に

　今日は修了式。この学級で，そして，この仲間で生活する最後の日です。この1年間，いろいろなことがありましたね。皆さんの頭の中には，どんな出来事が思い起こされますか？

　自由に発言させましょう。「体育祭！」「合唱コンクール！」等の行事名で答える生徒が多いでしょう。そうしたら，「その行事の中で，どんなことが印象に残っていますか？　また，行事を通して学級がどう変わったと思いますか？」と学級の変容に結び付くような切り返しの問いかけをするとよいでしょう。

　授業や生活面での内容の場合も同様です。学級が成長してきたことがわかるような発言を意識させます。気持ちが高揚している生徒が多く，1つの意見が出れば次々と意見が続いて出てきます。

　こうして，このメンバーで一緒に成長してきたこのすばらしい学級。この学級にはみんなでつくった目標がありましたよね？　さて，この目標に見合うような学級になったでしょうか？

　できれば，学級目標を外しておき，手に持ちながら発問することで雰囲気を盛り上げます。ここでも自由に発言させましょう。ここで出てくる生徒の発言が学級評価と考えてよいでしょう。担任として，次年度に生かせるよう，生徒の発言にはしっかりと耳を傾けなくてはなりません。

　さあ，いよいよこの学級，この仲間との別れの時間が近づいてきました。先生からみなさんに伝えたい言葉があります。それは「ありがとう」という言葉です。こんなにすてきな仲間と出会い，ともに成長し，こんなすばらしい学級で生活できたことに感謝します。みなさんと出会えて本当に幸せでした。ありがとうございました。

　時間は限られていますが，担任としての最後の指導です。感謝の言葉を中心にして，熱い思いを伝えます。長くなると感動は薄れてしまいます。短く簡潔であっても，先生からの心のこもった最後の言葉は，生徒の心の中に必ずや染み渡っていきます。担任として至福のときです。

25 修了式
お世話になった or なる先生へのメッセージ

1 お世話になった先生へのメッセージ

　多くの学校では，修了式に通知表を渡します。担任としては，学級の生徒との最後の場面になるので，通知表を渡す際のひと言がつい長くなるのは，よくあることでしょう。

　その際の教室は，1年が終わったという解放感から，落ち着かない雰囲気になってしまいがちです。ある程度は致し方ないとはいえ，1年間の指導がむだにならないよう，最後の最後も引き締まった雰囲気で終えたいものです。

　そのための手だてはただ1つ，やるべきことをきちんと指示しておくことです。例えば，（担任に限らず）1年でお世話になった先生へのメッセージ書かせてみてはどうでしょうか。書きながら，自ずと中学校入学時から今日までの歩みを振り返るものです。

2 お世話になる先生へのメッセージ

　また，来年度お世話になる2年の先生へのメッセージを書かせることも，有意義な時間を生み出します。意外に行われていない実践です。

　だれが担任するかもわからないのに，メッセージを書かせることはできないと思う必要はありません。「新たに担任してもらう先生に，自己紹介をするつもりで書きましょう」と指示すればよいのです。

　生徒は2年生になるに際しての決意を書くことが多いので，必ず新しい担任に渡します。新担任にとっても，生徒との出会いの日にひと声かけるためのヒントになるわけですから，こんなにありがたいことはありません。

お世話になった先生へのメッセージを書きながら，1年間を振り返ります

1年生の教師へのメッセージ

新たに担任してもらう先生への自己紹介のつもりで

2年生の教師へのメッセージ

新たに出会う先生にあなたのことを伝えましょう！

25 修了式

2章 中学1年の学級づくり　365日の仕事術＆アイデア

3学期の通知表

❶ 3学期の通知表作成のポイント

　3学期の通知表は，1年間を総括するものであるということを忘れてはいけません。まずは，これまでの評定や所見を一度じっくり見直す時間をつくるとよいでしょう。特に，向上した面を押さえたうえで，学級担任として来年度に向けての最後のメッセージを生徒や保護者に送る気持ちで所見を書きましょう。

❷ 3学期の通知表所見の文例

❶1年間にわたって努力を続けた生徒

　この1年間，何事にも仲間や自分のために前向きに取り組むことができました。特に3学期には，学習や行事などの目標を自分で立てて，それらを確実に実行することができました。来年度の活躍を楽しみにしています。

　努力をしている生徒に対しては，たとえ結果が伴わないとしても，その姿勢を大いに認めることが大切です。とりわけ次年度においても継続してほしい事柄についてはしっかり伝えることを心がけましょう。

❷3学期の行事で顕著な活躍があった生徒

　スキーの生活ではレク係を担当し，事前準備では，「仲間が楽しむことのできるゲームにするにはどのような工夫が必要か」と，他のレク係と何度も話し合いをしました。来年度のさらなる活躍を楽しみにしています。

　話し合いを重ねたことを大いに評価する所見です。担任として，その活動を認め，今年度の経験を生かし，次年度も活躍してほしいという願いが伝わってくる所見です。

❸リーダーとしての成長が顕著であった生徒

　１年間の締めくくりの時期に，だれもが気持ちよく過ごすことができる学級にするにはどうしたらよいか，と他の学級役員と相談し，計画を立てて実行することができました。培ったリーダー性を次年度も発揮してください。

　リーダー性のある生徒は，学年全体の貴重な人材として，所属学年の教師が一丸となって育てましょう。本人にも自己のリーダー性に気付かせ，自ら発揮しようという気持ちをもたせたいものです。

❹何事にも消極的な生徒

　いつも控え目で，学級全体の様子を見ながら，活動を続けた１年間でした。自分のことより，常に学級全体のことを考えることができたのは，実に立派なことです。

　本人の性格があるので，学級全員が積極的になることはあり得ません。消極的な性格であっても，やるべきことに対して，どのように考え，行動をしているかをよく観察して，プラス面を強調して伝えましょう。

❺学習に前向きでなかった生徒

　授業中のつぶやきは，学級の雰囲気を明るくしたり，時として，学級全体で深く考えたりすべき場面をつくってくれました。大いなる力を秘めていますので，その力を発揮できる次年度であることを願っています。

　積み重ねがないために，ますます学習からの逃避傾向が強くなる生徒が目につくようになるのが３学期です。日ごろの個別指導が大切ですが，所見では，本人のよさを改めて認め，期待していることを伝えます。

【執筆者一覧】

玉置　　崇（小牧市立小牧中学校長）
山田　貞二（一宮市立大和中学校長）

金子　和人（小牧市立小牧中学校教諭）
近藤　肖匡（大府市立大府中学校教諭）
芝田　俊彦（小牧市立味岡中学校教諭）
白石　多惠（小牧市立小牧中学校教諭）
田島　圭祐（一宮市立木曽川中学校教諭）
玉置　潤子（春日井市立高森台中学校教諭）
丹羽　浩一（小牧市立小牧中学校教諭）
筒井　研一（小牧市立小牧中学校教諭）
遠山　由香（小牧市立小牧中学校教諭）
永津　英一（岩倉市立岩倉中学校教諭）
林　　　紫（小牧市立小牧中学校栄養教諭）
平田みつこ（小牧市立小牧中学校教諭）
松井　綾子（岩倉市立岩倉中学校教諭）
松井美也子（小牧市立小牧中学校教諭）
三品　慶祐（小牧市立小牧中学校教諭）
水野　朋美（小牧市立小牧中学校養護教諭）
弓矢　敬一（一宮市立大和中学校教諭）
鷲野眞由子（小牧市立小牧中学校教諭）
渡邉　明代（小牧市立小牧中学校教諭）

【編著者紹介】

玉置　崇（たまおき　たかし）

1956年生まれ。公立小中学校教諭，国立附属中学校教官，中学校教頭，校長，県教育委員会主査，教育事務所長などを経て，現在，愛知県小牧市立小牧中学校長。
文部科学省「教育の情報化に関する手引作成検討会」構成員，「学校教育の情報化に関する懇談会」委員，中央教育審議会専門委員を歴任。
著書に『スペシャリスト直伝！　中学校数学科授業成功の極意』（明治図書，単著），『わかる！楽しい！　中学校数学授業のネタ100　1〜3年』（明治図書，編著），『中学校学級担任必携　通知表所見の文例集　1〜3年』（明治図書，編著），『玉置流・学校が元気になるICT活用術』（プラネクサス，単著），『「愛される学校」の作り方』（プラネクサス，共著）など，多数。

中学1年の学級づくり
365日の仕事術＆アイデア事典

2015年3月初版第1刷刊　©編著者	玉　　置　　　　崇
2019年4月初版第5刷刊　発行者	藤　原　久　雄
発行所	明治図書出版株式会社
	http://www.meijitosho.co.jp
	（企画）矢口郁雄　（校正）井草正孝
	〒114-0023　東京都北区滝野川7-46-1
	振替00160-5-151318　電話03(5907)6701
	ご注文窓口　電話03(5907)6668
＊検印省略	組版所　株式会社明昌堂

本書の無断コピーは，著作権・出版権にふれます。ご注意ください。

Printed in Japan　　　　　　ISBN978-4-18-175119-7

もう通知表作成で悩まない！

玉置 崇 編著

中学校学級担任必携
通知表所見の文例集

1，2，3学年別3分冊
各144ページ
本体各1,800円＋税

図書番号
1年／0355　2年／0356　3年／0357

各教科の学習から学校行事，部活動まで，学校生活のあらゆる場面を幅広くカバー。一つひとつの文例が短文なので，自由自在にカスタマイズできます。また，改善を促したいことなどを前向きに伝えられる「努力を促し，励ます文例」も収録しました。

総数1164の文例の中から，
クラスのどの生徒にもピッタリの一言が必ず見つかる！

明治図書　携帯・スマートフォンからは　**明治図書 ONLINE へ**　書籍の検索，注文ができます。　▶▶▶

http://www.meijitosho.co.jp　＊併記4桁の図書番号（英数字）でHP，携帯での検索・注文が簡単に行えます。

〒114-0023　東京都北区滝野川7-46-1　ご注文窓口　TEL 03-5907-6668　FAX 050-3156-2790

＊価格は全て本体価格表示です。